에로스의 예술

발레

차례

Contents

발레란 무엇인가?

발레를 타 장르의 무용과 구분하는 가장 큰 척도는 신발에 있다. 발레 댄서들은 포인트 슈즈(point shoes)를 신고 발끝으로 선다. 그리고 훈련된 방식대로 관절을 비틀고 근육을 늘이면서 불가능해 보이는 동작을 가능하게 만든다. 그들은 동화 속의 요정처럼 신비스럽다. 발레라는 장르에 문외한인 사람이라도 정작 댄서들의 움직임을 보게 되면 그저 할 말을 잃게 된다.

발레가 고급 예술인가? 물론 고급 예술이다. 관람료도 높고 어쩐지 고차원적으로 느껴진다. 접근하기 어려운 예술, 발레는 그 중 하나다. 하지만 고가의 좌석이 있다면 저렴한 좌석 역시 존재한다는 것을 간과해서는 안 된다. 극장 일층 객석의 가장 자리, 이층이나 삼층 객석의 뒷자리 같은 곳은 저렴하다. 물론 오페라 글래스(opera glasses)를 대여해야 하는 불편함도 있다. 하지만 공연예술을 너무나 사랑해서 한 편도 빼놓을 수 없는 애호가라면 오페라 글래스 하나 정도는 구입해 두어도 좋지 않은가. 정말 저렴한 좌석을 고른다면 영화 한 편 관람료 정도로 관람이 가능하다. 게다가 최근엔 소극장용 발레까지 나오고 있다. 발레, 그리 먼 곳에 있는 예술은 아니다.

발레의 역사

발레(Ballet)라는 단어는 이탈리아어 발라레(Ballare, 춤추다)에 어원을 두고 있으며, 일반적으로 궁정에서 왕족들에 의해 주어진 춤이었다고 생각하면 된다. 발레는 16세기 카트린 드 메디치(Catherine de Medicis)가 프랑스의 왕 앙리 2세(Henry II)와 혼인하면서 프랑스로 전해졌다. 이후 루이 14세의 시대에 오면서 궁정 춤이 본격적으로 발전하기 시작했는데, 제라르 꼬르비오(Gerard Corbiau) 감독의 영화 〈왕의 춤(Le Roi Danse, 2000)〉을 참고하면 쉽게 이해할 수 있다. 루이 14세는 춤을 매우 사랑해 춤추기를 즐겼고 귀족들까지 춤을 추도록 권유했다. 왕의 종용이 부담스러우면서도 거부할 수 없었던 귀족들은 전문 무용수를 고용하기도 했다. 궁정 춤의 규모는 점차 성장했고, 공연 또는 관람을 하기 위한 무대 시설도 발전했다. 그러다 19세기 초 '낭만 발레의 시대'가 되자 발레리나 중에서도 인기 있는 무용수들이 생겨나게 되었다. 하지만 후원자들의 입맛에 맞춘 그렇고 그런 발레, 현실과 거리가 먼 환상 속의 주제들로 인해 관객들은 점차 싫증을 느낀다.

앞으로 상세히 다루겠지만 시간이 지나면서 발레는 왕족이나 귀족뿐 아니라 재력가, 심지어 노동 계급에 있는 사람들까지 접할 수 있게 되었다. 이때 재력가는 후원자(patron)의 위치가 되었고, 낮은 계급 출신의 발레리나들은 더 나은 후원자를 두기 위해 치열한 경쟁을 벌였다. 때문에 발레 공연은 점차 후원자들의 선호를 따라 변모해갔고 급기야 타락하기에 이른다. 이후 실력과 안무가와 관계자들이 러시아로 이동하면서 19세기 중후반 러시아 고전 발레에 영향을 미치기 시작한다.

발레에 영향을 미친 요소들

발레는 오페라의 자매 예술이라고 여겨진다. 오페라 중간에 화려한 발레를 삽입하는 경우도 많다. 오페라처럼 발레 역시 대본이 있다. 대본은 원작을 따로 두기도 하며 민담을 각색하기도 하고, 때로는 대본가 본인의 독창적인 아이디어로 만들어지기도 한다. 때문에 발레는 문필가들과 상당히 깊은 관계를 맺고 있다고 할 수 있다.

발레는 흔히 '에로스(Eros)의 예술'이라 불린다. 정신적인 사랑 외에 육체적 사랑을 의미하기도 하는 에로스는 타나토스(Thanatos: 죽음의 본능)의 반대선상에 위치하면서도 동전의 양면처럼 타나토스와 궤를 함께 하기도 한다. 에로스가 사랑과 열정, 삶을 상징한다면 그 저변에 깔린 타나토스의 영향력 또한 무시할 수 없다. 에로스와 타나토스는 뫼비우스의 띠처럼 항상 연결되어 있기 때문이다. 누군가를 너무나 사랑해서, 또 누군가의 아름다움에 반해서 나 자신을 버릴 수 있을 정도의 극단적 에로스를 경험하게 되면 '나의 종말'을 의미하는 타나토스까지도 받아들이게 된다. 이것이 에로스와 타나토스의 연관성이다.

에로스의 예술이란 아름다움을 쫓는 예술이다. 아름답다고 느끼는 것은 일종의 사랑이다. 그렇다면 아름다움에 심취할 수 있다는 것은 무엇을 의미하는가? 아름다움을 보고 느낀다는 것 그리고 감상한다는 것은 감상자에게 삶의 여유가 있다는 의미가 되기도 한다. 바쁘고 삶에 지친 이들이 나비처럼 나풀거리는 발레리나의 모습을 감상하기 위해 일부러 시간을 내는 것이 여의치 않듯 예부터 발레를 감상하던 이들은 사회적인 지위와 재력이 있던 이들이다.

발레에 관한 이야기를 하면서 짚고 넘어가지 않을 수 없는 것이 바로 '코르티잔(courtesan) 문화'다. 화가 에두아르 마네(Edouard Manet)가 '올랭피아(Olympia)'를 그릴 무렵 파리의 발레단은 후원자에 의해 운영되었다고 해도 과언이 아니다. 부유한 상류계급 남성들(대부분 유부남) 사이에서 유행한 코르티잔 문화는 당시 누구에게나 통용되는 사회 현상이었다. 남성들은 자신의 부인 외에 10대부터 20대 초반 가량의 젊은 여자들을 애인으로 두고 있었고, 아내들은 이를 묵인했다. 애인인 여성들은 거리의 여자인 그리제트(grisette), 어느 정도 용돈을 대 주는 애인이 있는 로레트(lorette), 그리고 부유한 후원자가 집을 사주거나 생활비를 대주는 코르티잔 등의 계급으로 나뉜다. 그중 코르티잔은 가장 화려한 생활을 했으나 그런 기간은 길지 않았다. 이들의 아름다움이 시들해지거나 남성에게 더 어린 애인이 생기면 기존의 코르티잔들은 하루아침에 거리의 여자로 내몰렸다. 때문에 어린 창녀들은 하루라도 빨리, 조금이라도 더 부유한 남자를 후원자로 두기 위해 머리를 굴렸다.

알렉상드르 뒤마 피스(Alexandre Dumas Fils)의 소설 『동백꽃 아가씨('춘희'라고도 불린다)』는 코르티잔을 소재로 쓰였다. 뒤마 피스는 『철가면(Iron Mask)』 『삼총사(The Three Musketeers)』의 작가 알렉상드르 뒤마(Alexandre Dumas)의 서자다. 그는 알퐁신 마리 뒤플레시스(Alphonsine Marie Duplessis)라는 아름다운 여성을 만나 사랑에 빠진다. 하지만 뒤플레시스는 코르티잔이었고 엄청난 사치광이었으며 물질적 풍요 없는 삶을 원치 않았다고 한다. 당대 최고의 코르티잔으로 명성이 높았던 그녀에 반해 가산을 탕진하는 자들도 있었다. 그녀의 일상은 멋지게 차려입고 오페라 극장에 가서 작품을 감상하는 것, 방문자들(애인이나 손님)을 맞이하는 것이었다고 한다. 그녀는 뒤마 피스를 사랑했다고는 하나 코르티잔 생활을 그만 둘 정도는 아니었으니 과연 진정한 사랑이었는지 의문이 든다. 가난한 문학청년에 불과했던 뒤마 피스에게 뒤플레시스가 코르티잔을 그만두게 만들 정도의 재력은 없었다. 때문에 늘 가슴앓이를 했던 것으로 전해진다. 하지만 그녀가 세상을 떠난 후, 그녀를 소재로 하여 발간된 소설이 문학사에 기록될 정도의 가치를 지니게 되었으니 세상에 불

필요한 인연은 없다는 말을 증명했다고 해도 과언이 아니다.

뒤플레시스는 폐결핵으로 사망한다. 이 소설을 바탕으로 〈라 트라비아타(La Traviata)〉라는 명오페라가 나오게 된다. 뒤플레시스를 소재로 하는 여러 작품에서 그녀는 쓸쓸히 죽음을 맞은 것으로 되어 있지만, 실제로는 죽을 때까지 후원자들의 극진한 간호가 계속되었다. 하지만 후원자들은 뒤플레시스를 대신할 젊고 아름다운 연인을 얼마든지 구할 수 있었다. 뒤마 피스는 소설에서 마르그리트(뒤플레시스를 모델로 한 여주인공)가 죽었음에도 그녀의 애인이었던 자들이 아무렇지 않은 일상을 보내고 있는 장면을 묘사한다. 그리고 그녀를 한 번 더 보고자 무덤을 파내는 장면에서는 두 눈이 녹아 없어지고 피부가 썩어 문드러진 얼굴을 묘사한다. 즉, 그녀의 아름다움이나 그녀가 사랑했던 물질도 죽음 앞에서는 아무 부질없음을 말하는 것이다.

그런 코르티잔에게 강력한 적수가 나타났으니 바로 발레리나였다. 코르티잔이나 로레트를 한 팔에 끼고 발레를 관람하던 남성들은 무대 위에서 나풀거리며 춤추는 발레리나들이 자신들의 애인보다 훨씬 아름답다는 사실을 알게 되었다. 그러자 그들은 경쟁적으로 발레리나를 애인으로 두기 시작했다. 트렌드가 바뀌자 부모가 없거나 가난하고 나이 어린 소녀들은 발레에 재능이 있건 없건, 수준 낮은 발레 학교라도 찾아 들어가기 시작했다. 발레단에 입단해 서툰 군무라도 추다가 후원자를 잡게 되면 목적을 달성하는 셈이었다. 후원자들은 애인들의 각선미를 감상하기 위해 극장에 드나들곤 했다. 계급 상승을 위해 몸부림을 치던 노동자 계급의 소녀들은 점차 후원자를 잡는 일에 집중해 갔고, 무용수들의 이런 심리를 알고 있던 재력가들은 처음엔 은밀했을지라도 점차 노골적으로 무용수들과의 관계를 이어나갔다. 특히 거대한 오페라 극장의 박스석을 세 낼 수 있을 정도의 재력가들은 무용수들의 표적이 되었다.

지금은 발레가 여유 있는 집안의 자제들이 배우는 고급 예술이 되었지만, 당시에는 신분 상승을 위한 수단으로 이용되고 있었다. 소수의 무용수들, 즉 마리 탈리오니(Marie Taglioni)라든가 파니 엘슬러(Fanny Elsler)처럼 타고난 무용가, 재능 있는 무용가, 춤을 위해 노력하는 무용가는 흔치 않은 존재였다. 발레 무대 뒤편에는 딸을 감시한다는 명목 하에 어머니들이 서 있곤 했는데, 이 어머니들 중에는 사창가 출신이 많았다. 사창가에 있을 때 후원자를 만나 신분 상승을 한다거나 재산을 할당 받는 데 실패한 이들이 자신의 딸을 발레단에 입단시킨 뒤 포주

파니 엘슬러

노릇을 했던 것이다. 그럼에도 불구하고 이런 행태는 아주 흔한 것이어서(당시 노동 계급 여성들에게 주어지는 직업은 공장 노동자 정도였고, 그렇게 번 돈으로는 입에 풀칠하기도 어려웠다고 한다. 결국 가난한 여성들 사이에서 매춘은 흔한 일이었다.) 양심에 가책을 받는 일도 없었고, 도덕

에드가 드 가의 '발레수업'
(1873)

적으로 드러내놓고 지탄하는 사람들도 드물었다. 오히려 이들 모녀 매춘부들은 '함께 벌어먹고 살아야지'라는 의식이 강했던 것 같다. 에드가 드 가 (Edgar De Gas)의 조각 '14세의 어린 무용수' 역시 후원자를 잡기 위해 어머니에 의해 발레단에 입단했던 소녀를 소재로 하고 있다.

드 가는 발레리나에 대한 그림을 많이 남겼는데, 대부분 그의 그림에 나타난 배경은 무대 뒤편이나 대기실, 휴식을 취하거나 무대에 오를 준비 중인 발레리나들을 그렸다. 그런데 자세히 살펴보면 정장을 갖추어 입고 노골적으로 무용수들을 희롱하는 신사들을 쉽게 찾을 수 있다. 미술 작품에 단골 소재로 등장할 정도로 발레계는 타락했던 것이다. 이렇다 보니 발레 본연의 의미는 퇴색하고 수준은 자꾸 떨어져갔다. 이로 인해 동유럽으로 이동하는 발레인구들이 늘어갔고, 결과적으로 러시아 등 동유럽 국가에 실력파 발레 종사자들이 둥지를 틀게 되었다.

발레를 감상하는 데 도움이 되는 지식들

춤에 관련된 용어들

'빠(pas)'는 스텝이라는 의미로 무용 그 자체를 말하기도 한다. '빠드되(pas de deux)'는 2인무를 의미한다. 2를 의미하는 '되'의 자리에 3을 의미하는 뜨루아(trios), 4를 의미하는 까뜨르(quarter)를 넣으면 3인무, 4인무로 표현할 수 있다. 바리아시옹(variation)은 남성이나 여성의 독무를 의미한다. 그랑 빠드되(grand pas de deux)는 아다지오(adagio), 바리아시옹, 코다로 이어지는 2인무다. 아다지오는 느리게 추는 2인무, 알레그로(alegro)는 빠른 춤을 지칭하는 용어. 디벨티스망(divertissment)은 발레 중간에 삽입되는 볼거리 위주의 춤인데 줄거리와 상관없이 연출

되기도 한다. 즉 관객들의 즐거움을 위한 장면으로 주로 발레단의 차기 주역들이 장기를 선보이는 용도로 활용된다.

마임(mime)은 말 그대로 얼굴의 표정과 손가락, 손바닥 등의 움직임으로 감정이나 의사를 표현하는 기술이다. 발레에는 오페라의 가사나 연극의 대사처럼 구체적으로 감정을 설명할 수 있는 도구가 없기에 마임은 춤 이상의 역할을 한다.

장르의 구분

낭만 발레(로맨틱 발레)

낭만 발레는 프랑스를 중심으로 19세기 전반에 인기를 누린 장르다. 여기서 '낭만'은 흔히 생각하는 '아름답고 애절한 사랑 이야기' 정도의 느낌과 상당한 차이가 있다. 물론 아름다운 사랑 이야기, 애절한 연인들의 관계가 존재하지만 그보다는 우울과 환상, 약간의 괴기스러움, 심지어 죽음의 이미지 역시 '낭만'에 포함된다는 사실을 간과해서는 안 된다.

1831년 공연된 오페라 〈악마 로베르(Rodert le Diable)〉에는 '수녀들이여, 누가 잠들어 있는가(Nonnes, Qui reposez?)'라는 장면이 삽입되었다. 간음과 같은 불경죄로 천국에 들어가지 못한 수녀들이 무덤가에 나와 농염한 춤을 추는 장면이었는데, 이는 발레 블랑(Ballet Blanc: 길고 흰 천의 의상을 입은 소녀들이 수행하는 발레)의 효시가 되었다. 로맨틱 튀튀(발목까지 내려오고 종 모양을 이룬 발레 드레스)에 흰 베일을 쓰고 에로틱한 춤을 추었다는 정보가 전해지고 있으나 정확한 안무는 전해지지 않는다. 이때 무대 미술을 담당했던 사람은 피엘 시슬리인데 그는 〈라 실피드(La Sylphide)〉 〈지젤(Giselle)〉의 미술 역시 담당했다. 발레 〈라 실피드〉는 1832년에 공연되는데 '수녀들이여, 누가 잠들어 있는가' 장면의 안무가 전해지지 않기 때문에 〈라 실피드〉를 낭만 발레의 시작으로 보기도 한다. 무덤가에서 춤추는 수녀들을 상상하는 것은 시각적으로는 아름다울 수 있으나 음울한 분위기, 죽음의 충동 등 예술가들이 생각하는 낭만(로맨틱)과 일치한다. 특히 달빛 아래 드러난 수녀원의 묘지라는 장소 설정은 낭만주의의 느낌을 그대로 시각화했다고 할 수 있다.

고전 발레(클래식 발레)

고전 발레는 러시아에서 태동해 꽃을 피운 발레다. 프랑스의 고급 발레 마스터, 이탈리아의 무용수들, 여기에 러시아적 특징이 더해져 고전 발레가 태어난 것이다. 고전 발레는 마리우스 프티파(Marius Petipa)를 빼놓고 말할 수 없다. 그는 1847년 러시아 황실 발레단에 합류한 이후 60여 년 가까운 시간을 러시아에서 일했다. 그리고 60여 편의 발레를 안무했다. 낭만 발레 시대에 주로 감정 표현에 치중했다면 고전 발레에서는 테크닉을 중요시했다. 프랑스 발레는 하체의 섬세한 움직임에 중점을 둔 반면, 러시아 발레는 상체의 드라마틱한 표현력에 중점을 두었다. 물론 강도 높은 하체 테크닉을 정확하게 구사해야 했다. 때문에 무용수들은 자신의 체형을 잘 파악하고 있어야 했으며 완벽한 테크닉을 구사할 줄 알아야 했다. 〈백조의 호수(Swan Lake)〉 〈잠자는 숲 속의 미녀(The Sleeping Beauty)〉 〈호두까기 인형(The Nutcracker)〉 〈돈 키호테(Don Quixote)〉 등이 고전 발레의 대표적인 작품이다.

발레 블랑(Ballet Blanc)

발레 블랑은 말 그대로 '백색 발레' '하얀 발레'를 의미하는데, 32명 또는 24명 정도의 발레리나들이 하얀 튀튀를 입고 나와 군무하는 장면을 말한다. 이들의 움직임은 마치 다른 차원의 세계를 보는 듯한 환상을 주는데 조명에 따라, 무대 장치에 따라, 안무에 따라 전혀 다른 분위기를 만들 수 있다. 앞서 기술한 것처럼 〈악마 로베르〉의 '수녀들이여, 누가 잠들어 있는가'가 효시가 되었으나 정확한 안무는 전해지지 않는다. 그 후 〈라 실피드〉 〈지젤〉의 '빌리(Wili)들의 춤', 〈라 바야데르(La Bayadere)〉의 '망령의 제국', 〈백조의 호수〉의 '호숫가 백조들의 춤' 장면이 대표적인 발레 블랑으로 꼽힌다. 이에 대해서는 작품 해설 부분에서 좀 더 자세히 다루기로 한다.

초자연적 존재들

차차 알게 되겠지만 발레에는 유난히 초자연적인 존재가 많이 등장한다. 그럴 수밖에 없다. 발레라는 장르 자체가 자연 법칙에 어긋나는 신체를 요구하지 않는가? 발레 댄서들은 관절을 비틀고 근육을 늘이면서 고문에 가까운 훈련을 통해 자신을 완성해왔다. 공기처럼 사뿐히 뛰어내리고 발끝으로 점프해서 뛰어오르는, 중력을 거스르는 동작을 반복해야 한다. 때문에 발레에 요정, 귀신 또는 정령들이 소재로 사용된 것은 당연한 일인지도 모른다. 발레 무용수들은 현실에서 찾기 힘든 환상성을 지니고 있다. 때문에 그들이 표현하기에 가장 적절한 대상은 판타지적 요소를 갖춘 초자연적 존재들일 수 있다. 〈라 실피드〉나 〈라 페리(La Peri)〉 〈온딘(Ondine, Undine)〉 등이 모두 요정을 소재로 한다. 특히 〈라 페리〉에서 카를로타 그리씨(Carlota Grisi)는 묘기에 가까운 점프를 해야만 했다.

실피드(Sylphide)는 공기의 요정, 온딘(Ondine, Undine)은 물의 요정이다. 빌리(Wili)는 남자에게 한을 품고 죽은 정령들이다. 빌리는 요정이라기보다 귀신에 가까운 존재로, 생전에 사랑을 완성하지 못한 여자들의 영혼이 무리를 지어 다니다 젊은 남자를 만나게 되면 유혹해 춤을 추게 만들고, 결국 그 남자를 죽음에 이르게 만든다. 그밖에 발레리노가 추는 〈장미의 정령〉도 있고 〈잠자는 숲속의 미녀〉에는 요정 집합소라고 불러도 좋을 만큼 여러 종류의 요정들이 나온다.

무용수의 등급

무용수의 등급을 셋으로 나눈다면 프린시펄(principal) 또는 에뜨왈(etoile, 프랑스어로 '별'을 의미)이 가장 높은 등급이며, 솔로이스트(soloist), 쉬제(sujet) 또는 드미 솔로이스트(demi soloist), 코리페 (coryphée)가 그 뒤를 잇는다. 마지막으로 군무를 추는 발레리나 인 코르 드 발레(corps de ballet)가 있다. 무용수들은 승급 심사를 거쳐 승급의 기회를 얻는다.

발레 의상

포인트 슈즈

포인트 슈즈(point shoes, toe shoes)는 1820년대에 개발된 발레 슈즈로 발가락 끝부분에 단단한 재질이 덧대어 있다. 이 부분 이 있어 발레리나들은 발끝으로 설 수 있다. 관람객들은 깃털 처럼 가뿐히 점프하고 사뿐히 땅에 내려앉는 발레리나들을 보 면서 그저 감탄만 하면 되지만, 정작 발레리나들은 죽을 만큼 의 통증을 느껴야만 한다. 발가락 마디가 접질리고, 발톱이 빠 지고 아물 새도 없는 연습으 로 인해 고름이 나는 경우도 허다하다. 다친 발 위에 포인 트 슈즈를 그냥 신기도 한다. 공연 후 슈즈를 벗을 때면 그 동안 흘러 든 습기(땀, 고름 등의 분비물)로 인해 포인트 슈즈를 벗는 것이 무척 고통스럽다고 한다. 포인트 슈즈는 일개 무

포인트 슈즈

용화가 아니라, 아름다움 속에 감추어진 고통을 감내하는 발레리나들의 상징물인 것이다. 포인트 슈즈는 '토 슈즈'로 불리기도 한다.

타이츠와 레오타드

타이츠(tights)는 말 그대로 타이츠다. 연습 시에는 일반적으로 분홍빛이 들어간 타이츠를 입고 그 위에 레오타드(leotard)를 겹쳐 입게 된다. 연습복은 몸에 밀착되어 달라붙는 것이 필수다. 추운 날에는 스웨터나 셔츠를 겹쳐 입는 경우도 있으나 이 역시 몸에 밀착되어야 한다. 이유는 여러 가지다. 우선 발레 마스터(발레 교사)가 볼 때 무용수의 몸동작을 정확히 판단할 수 있어야 한다. 두껍거나 헐렁한 옷으로 인해 단점을 파악하지 못하면 부상을 당할 수 있고, 장기적으로는 체형이 흐트러지는 경우도 있기 때문이다.

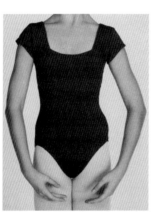
타이츠와 레오타드를 착용한 모습

머리는 깔끔하게 고정시켜야 한다. 발레는 고난도 테크닉이 많은 무용이니만큼 머리칼로 인해 사고가 날 수 있기 때문이다. 액세서리도 조심해서 착용해야 한다. 격렬한 움직임으로 인해 자신이나 파트너에게 상처를 입힐만한 소지가 있다면 미리 위험 요소를 차단하는 것이 발레 댄서의 기본적인 매너다. 즉, 보기에 민망하거나 어색하게 여겨지기도 하는 타이츠나 레오타드는 안전 면에서 필수적인 요소인 것이다.

튀튀(tutu)

발레리나들이 입는 치마라고 생각하면 된다. 튀튀는 길게 늘어지는 로맨틱 튀튀와 짧게 퍼지는 클래식 튀튀로 나뉜다. 안무

가 미하일 포킨(Mikhail Fokine)은 클래식 튀튀를 두고 '뒤집힌 우산'이라고 표현한 일도 있다. 보통 얇은 모슬린이나 나일론을 여러 겹으로 겹쳐 만든다.

클래식 튀튀를 입은 모습

위대한 작품들

지젤

　발레를 한 번도 접해보지 않은 사람들에게도 〈지젤(Giselle)〉이라는 이름은 익숙하다. 〈지젤〉은 로맨틱 발레의 핵심이라고 해도 과언이 아니다. 〈지젤〉은 아돌프 아당(Adolphe Charles Adam)이 음악을 담당하고 문학가이자 시인, 무용비평가였던 테오필 고티에(Theophile Gautier)가 대본을 담당했다. 그는 하인리히 하이네(Heinrich Heine)가 『독일론(De l'Allemagne)』에서 인용한 빌리(Wili)에 관한 시 구절을 읽고, 빌리에 관한 장면으로 발레를 만들고 싶다는 생각이 들어 실행에 옮긴 것이다. 초연은 장 코랄리(Jean Coralli, 쟝 코라이)와 쥘 페로(Jules Perrot)가, 1880년대에는 마리우스 프티파가 안무를 담당했다. 이후 파트리스 바르(Patrice Bart)가 초연 당시의 골격으로 돌아가기 위한 시도를 하게 된다.

해설 및 줄거리

포도를 재배하는 시골 마을, 라인란트(Rhineland)가 배경이다. 알브레히트(Albrecht)는 귀족 청년이고 바틸드(Bathilde)라는 약혼녀가 있다. 바틸드의 아버지는 공작이다. 하지만 시골처녀 지젤에게 반한 알브레히트는 로이(Loys, 로이스)라는 가명으로 마을에 머물면서 지젤을 유혹할 계획을 세운다. 알브레히트는 지젤에게 열렬한 구애를 하고, 순진한 지젤은 꽃점(포도점을 치기도 한다)을 보면서 알브레히트와의 사랑이 행복으로 끝날 지 불행으로 끝날 지 예상해 본다. 그런데 결과는 안타깝게도 '불행'이다. 실망한 지젤을 위로하기 위해 알브레히트가 꽃점을 치게 되는데 그의 꽃점은 '행복'으로 결론난다. 그래서 지젤은 알브레히트를 받아들인다. 지젤을 짝사랑하고 있던 청년 힐라리온(Hilarion)은 쓰디 쓴 절망에 빠진다. 지젤은 힐라리온의 경고에도 불구하고 로이스로 변장한 알브레히트와 2인무를 춘다.

포도 축제가 열리고 포도의 여왕과 왕으로 뽑힌 처녀와 총각이 화려한 춤을 춘다. 그런데 그곳에 공작 일행이 지나가게 된다. 바틸드와 지젤은 동년배이기 때문에 금세 친해진다. 두 처녀들은 애인에 대한 자랑을 늘어놓게 되고 서로의 애인이 무척이나 닮았다는 데 놀란다. 공작 앞에 모습을 드러낸 알브레히트와 바틸드는 재회한다. 그 모습을 목격한 지젤은 화가 난

나머지 두 사람을 떼어놓지만, 곧 알브레히트가 바틸드의 애인임을 알게 된다. 상황이 이렇게 되자 알브레히트는 자신이 사실 백작임을 밝힌다. 자신이 알브레히트의 농락 대상이었다는 사실을 알게 된 지젤은 상심한다.

이어 충격을 받은 지젤이 광란의 춤을 추기 시작한다. 지젤의 움직임은 누구도 막을 수 없어 다들 지켜볼 뿐이다. 춤추던 지젤은 칼로 자결을 시도한다. 힐라리온이 달려들어 말리지만 이미 때는 늦은 뒤였다. 지젤의 어머니와 힐라리온, 그리고 알브레히트는 저마다 오열하고 괴로워하면서 1막이 내린다.

2막의 배경은 숲의 공동묘지다. 무덤을 비추는 달빛은 아름답기보다는 스산하다. 여전히 지젤을 잊을 수 없는 힐라리온이 무덤을 찾아온다. 지젤을 추억하면서 괴로워하던 그는 어딘가에서 번쩍이는 불빛에 놀라 혼비백산 도망친다.

자정이 되자 빌리들의 여왕 미르타(Myrtha)가 모습을 드러낸다. 미르타는 빌리들의 여왕다운 카리스마를 보이며 춤을 춘다. 독무를 마친 미르타는 주문을 걸어 빌리들을 불러들인다. 24명으로 이루어진 빌리들은 12명씩 두 파트로 나뉘고, 각 파트별로 한 명의 대표가 나와 춤을 춘다. 그리고 대형을 바꾸어 가면서 신비로운 발레 블랑을 선보인다. 군무가 끝날 무렵 미르타는 지젤의 무덤에 마법을 걸어 그녀를 불러낸다. 마치 빌리들의 모임에 입단 의식을 치르는 것처럼 지젤의 영혼은 독무를 선보인다.

어느 밤, 알브레히트가 지젤의 무덤 곁을 찾는다. 그는 지젤의 무덤에 백합꽃을 선사한다. 그는 지젤을 잊을 수 없다. 지젤의 영혼이 그의 곁을 맴돈다. 알브레히트는 지젤을 볼 수 없지만 느낄 수 있다. 그는 느낌만으로 지젤의 영혼을 들어 올리면서 춤을 추기도 한다. 많은 관객들은 알브레히트가 죄책감을 갖고 있으며 진심으로 지젤을 사랑했음을 뒤늦게 깨달은 게 아닐까 해석하고 싶어 할 것이다. 하지만 원작자인 고티에는 알브레히트를 '진실성 없는 탕아'로 표현했다. 그럼에도 불구하고 많은 관객들은 그가 진실로 뉘우치고 있다고 믿는 추세다. 다른 밤, 힐라리온이 빌리들에게 유혹 당한다. 빌리들은 계속해서 그를 춤추게 만들고, 결국 그를 죽음으로 이끈다.

또 다시 무덤 곁을 찾은 알브레히트. 그는 바틸드와 파혼했다. 미르타는 그런 그를 유혹해 죽음으로 이끌도록 지젤에게 명령한다. 지젤이 사정을 해도 소용이 없다. 결국 지젤은 그가 지쳐 쓰러질 때마다 다시 그를 일으키는 방법으로 그를 보호하며 춤을 춘다. 두 사람의 빠드되(Pas de Deux)는 환상적이다. 이 장면에서는 특히 무용수들의 호흡이 완벽하게 맞아야 한다. 빌리들이 알브레히트를 유혹하면 그 틈에서 지젤은 알브레히트를 보호한다. 결국 새벽 종소리가 들려오고 빌리들은 사라진다. 지젤 역시 백합 한 송이를 알브레히트에게 남기고 사라진다. 목숨을 구한 알브레히트가 지젤의 순수성을 찬양하면서 발레는 막을 내린다. 하지만 초연 당시에는 지젤과 알브레히트가 있는 곳에 바틸드가 나타나고 지젤이 알브레히트로 하여금 바틸드에게 돌아갈 것을 권했으며, 결국 알브레히트는 바틸드에게 돌아가는 것이 결말이었다. 하지만 시간이 흐르면서 바틸드는 후반부에 등장하지 않는 것으로 바뀌었다.

지젤 역의 발레리나는 지젤 그 자체가 되어야 한다. 마치 지젤을 몸에 입은 것처럼 완벽한 지젤을 연기해야 한다. 발레는 몸으로 표현하는 예술이고, 발레리나들은 고도로 훈련된 테크니션인 만큼 섬세한 표현력에 있어 뛰어난 기교를 보인다. 즉 '낭만' 속에 포함된 감정들을 육체를 통해 표현하는 데 능하다. 눈여겨봐야 하는 것은 스펙터클뿐만이 아니다. 지젤의 캐릭터 변화를 잘 살펴보아야 한다. 지젤은 소박한 소녀였으나 실연으로 인해 실성하게 되고, 사후에는 연인을 위해 헌신하는 빌리 (Wili)가 되는데 이는 삶과 죽음의 경계를 넘어 지젤이 성장해 가는 과정을 보여준다.

이런 의미에서 추천하는 영상물은 1996년 '라 스칼라(이탈리아 밀라노에 있는 극장) 발레 실황'이다. 알레산드라 페리(Alessandra Ferry)는 보호본능을 일으키는 특이한 외모와 유려한 테크닉을 보여줌으로써 단숨에 관객을 사로잡는다. 그녀를 보고 있노라면 내 영혼을 내어주고라도 그녀를 살리고픈 생각이 들 정도다. 이 판본은 페리의 완벽한 지젤 재현 외에도 눈요깃거리가 있다. 바로 의상이다. 페리는 가슴이 훤히 비치는 옷을 입고 나온다. 예상치 못한 광경에 약간 당황스러울 수도 있다. 하지만 가슴이 훤히 보이는 이 의상이야말로 지젤의 캐릭터를 표현하기 위한 완벽한 도구다. 지젤의 상처받기 쉬운 순수성을 시각적으로 보여주고 있는 것이다. 게다가 페리의 가냘프고 아름다운 모습은 가슴이 노출되고 있음에도 전혀 천박하거나 음란하게 보이지 않는다. 오히려 그녀의 모습은 너무나 성스러워서 그녀를 대상으로 성적인 상상을 하게 된다면 죄를 짓는 기분이 들 정도다.

파트리스 바르 버전의 〈지젤〉이 높이 평가받는 이유는 그가 루돌프 누레예프(Rudolf Nureyev)를 보좌했던 이력 때문이다. 누레예프는 원전을 유지하면서도 품격을 높일 줄 아는 재능을 가진 안무가다. 바르는 그런 누레예프의 장점을 고스란히 이어받은 계승자인 것이다.

라 바야데르

〈지젤〉이 많이 들어본 제목의 발레라면 〈라 바야데르(La Bayadere)〉는 아마 한국인의 정서에 가장 잘 맞는 발레라고 할 수 있을 것이다. 러시아에서는 〈바야데르카〉라고 불리기도 하는 이 발레는 너무나 아름답고 슬퍼서 관람을 하고 나면 그 여파로 며칠 동안 잠드는 게 쉽지 않을 정도다.

마리우스 프티파(Marius Petipa)는 1869년 무용수 생활을 마친 후 안무와 연출에 집중한다. 그리고 그는 1877년 〈라 바야데르〉를 만들어 히트시킨다. 음악은 루드빅 밍쿠스(Ludwig Minkus)가 담당했다. 이후 나탈리아 마카로바(Natalia Makarova), 루돌프 누레예프 등이 안무를 개정해서 선보이기도 한다. 이 작품은 인도의 시성 칼리다사(Kalidasa)의 작품 〈샤쿤탈라(Sakuntala)〉로부터 영향을 받은 것으로 알려져 있다. '바야데르'

란 인도의 신전을 섬기는 무희를 의미한다. 이 작품은 '니키야(Nikiya)'라는 바야데르가 비극의 주인공으로 그녀와 그녀의 주변 인물을 중심으로 이야기가 펼쳐진다. 또 작품 내내 이국적인 춤과 의상, 현란한 아름다움이 이어진다. 이러한 스펙터클로 인해 발레에 익숙하지 않은 관객들도 거부감 없이 몰입할 수 있다.

해설 및 줄거리

신전을 섬기는 무희 니키야는 결혼할 수 없으며 남자와 사랑에 빠질 수도 없다. 그녀는 신에게 바쳐진 존재다. 하지만 최고 승려인 '브라민(Brahmin, 대제사장)'이 그녀를 사랑한다. 그는 니키야에게 구애하지만 니키야는 그를 거절한다. 니키야가 브라민의 구애를 거절하는 이유는 다른 데 있다. 그녀에게는 비밀스럽게 만나는 애인이 있었던 것이다. 그녀의 애인은 용맹한 군인인 '솔로르(Solor)'다. 그녀는 솔로르와 달콤하고 비밀스런 사랑을 나눈다. 하지만 세상에 비밀이 있을 리 없다. 브라민이 그들의 관계를 눈치채고 있었다.

이쯤에서 관객들은 행복 가운데 도사리고 있는 불안함을 느끼게 된다. 권력가인 '라자(Rajar, 영주)'가 솔로르를 사윗감으로 점찍은 것이다. 라자의 딸 감쟈티(Gamzatti)는 솔로르의 초상화를 보고 이미 그와 사랑에 빠진 상태다. 라자가 솔로르를 불러 자신의 딸 감쟈티와의 결혼을 권한다. 솔로르는 거절하지 못한다. 감쟈티의 아름다움은 권력의 유혹만큼이나 강렬한 것이었고, 결국 그는 결혼을 승낙한다. 브라민은 라자에게 솔로르의 비밀 애인이 니키야라는 사실을 귀띔한다. 브라민의 입장에서는 니키야를 차지할 수 있는 절호의 기회였던 것이다. 브라민은 라자의 분노가 솔로르를 향하길 바라고 고자질했으나, 엉뚱하게도 라자의 분노는 니키야를 향하게 된다.

한편 감쟈티는 솔로르에게 애인이 있었다는 사실에 불안했던 나머지 그녀의 존재를 확인하고 싶어 한다. 감쟈티는 니키야를 자신의 방으로 불러들인다. 그녀는 니키야를 실제로 보고 무척 놀란다. 그냥 무시하고 넘기기엔 니키야의 미모가 너무나 출중했던 것이다. 감쟈티는 자신의 보석을 내어주면서 니키야에게 솔로르와 헤어질 것을 권유한다. 하지만 니키야는 거절하고 감정이 격해진 나머지 감쟈티를 단검으로 찌르려고 하는 실수를 저지른다. 상황이 이렇게 되자 감쟈티는 솔로르와 결혼한다 해도 늘 불안하게 살아야 한다는 사실을 깨닫는다. 감쟈티는 결국 니키야를 살해할 계획을 세운다.

마침내 솔로르와 감쟈티 공주의 결혼에 대한 축하연이 거행된다. 이 장면의 스펙터클은 대단하다. 다채로운 춤은 물론 커다란 코끼리상이 등장하기도 한다. 특히 '황금 신상의 춤'은 1948년에 추가된 장면인데 지금은 축하연 장면에서 손꼽는 춤이 되었다. 화려한 축하연에 초대받게 되는 니키야. 그녀는 굴욕적인 마음을 감추고 축하의 춤을 춰야 한다. 자신이 버린 애인을 마주한 솔로르 역시 거북하긴 마찬가지다. 니키야는 슬픈 감정을 담은 춤을 선보인다. 춤을 추는 그녀에게 누군가로부터 꽃바구니가 전달된다. 솔로르가 자신을 잊지 못해 선물을 보냈다고 생각하는 니키야는 다시 기쁨의 춤을 춘다. 하지만 사실이 꽃바구니는 감쟈티의 하녀로부터 전달된 것으로 그 안에는 독사가 담겨 있었다. 독사에게 물린 니키야는 괴로움에 몸부림친다. 그 와중에 브라민이 다가와 자신에게 사랑을 허락한다면 해독제를 주겠다고 한다. 그렇지만 이미 삶의 의욕을 잃은 니키야는 해독제를 거부하고 죽음을 택한다. 솔로르는 죽음에 대한 죄책감을 아편으로 잊어보려고 한다. 그는 환각에 빠져든다.

그리고 드디어, 그 유명한 '망령의 왕국'이 시작된다. 발레 블랑 중에서도 〈라 바야데르〉의 '망령의 왕국'은 손에 꼽힌다. 무대 뒤편에서 32명(마카로바 버전에서는 24명)의 무용수들이 똑같은 동작을 반복하며 비탈을 내려온다. 이들의 동작은 지그재그 형태로 이어지면서 반복되는데 마치 댄서들이 끊임없이 이어져 내려오는 듯 착시현상을 일으킨다.

그런데 이 '망령의 왕국'에 대해서도 다양한 해석이 존재한다. 우선 프티파의 원전 발레에서는 망령의 왕국이 지난 후 솔로르와 감쟈티의 결혼식이 거행되고 그 와중에 신전이 무너지는 것으로 마무리 되는데, 여기서 신전의 붕괴 장면이 삭제되었다. 이유는 확실치 않지만 홍수로 인해 무대장치가 유실되었다는 설, 사회주의 바람을 타고 결말이 바뀌었다는 설 등이다. 그런데 나탈리아 마카로바는 신전 붕괴 장면을 재현했고, 루돌프 누레예프의 경우에는 신전 붕괴 장면을 삭제했다. 때문에 판본에 따라 연출에 따라 '망령의 왕국' 장면이 죽은 이들의 세계일 수도 있고, 단순히 솔로르의 환각에서 비롯된 것일 수도 있는 것이다.

다시 줄거리로 돌아가자. 망령들의 아름다운 군무와 세 명의 무용수가 교대로 펼치는 독무를 감상하다 보면 어느새 니키야가 모습을 드러낸다. 니키야를 찾아 망령의 세계에 발을 들인 솔로르는 긴 스카프를 손에 쥐고 니키야와 함께 환상적인 빠드되를 선보인다. 누레예프 판에서는 두 사람이 이렇게 '망령의 왕국'에서 재회한 후 함께 사라지는 것으로 끝난다. 즉, 솔로르가 니키야를 따라 사자(死者)들의 세계로 들어가는 것으로 해석할 수도 있다. 반면 마카로바의 버전에서는 '망령의 왕국'에서 니키야를 만난 솔로르가 현실로 돌아오고 감쟈티와 결혼식을 올리는데 이들의 결혼식이 열린 신전은 붕괴된다. 니키야의 연약한 힘으로는 감당할 수 없었던 사랑의 상처를 그녀가 모시고 있던 신들이 대신 갚아주는 것이다.

두 판본 중 어떤 판본을 보느냐는 전적으로 관람자의 선택에 달렸다. 마카로바 판본은 결말이 확실하게 결정되어 있다는 것이 장점이다. 반면 결말이 모호한 감이 없지 않은 누레예프 버전은 대신 예술적으로 가치가 뛰어나다. 특히 약혼식에서 선보이는 니키야의 독무는 매우 아름답고 섬세하며 관능적이다.

이국적인 소재를 차용한 작품이기 때문일까? 〈라 바야데르〉는 기존의 발레와는 시각적으로 확연한 차이를 보인다. 특히 의상이 매우 화려하고 아름다운데 니키야는 배꼽을 드러내는 의상을 주로 입는다. 발레 의상이라기보다 벨리댄스에 어울릴

법한 의상을 입고 춤을 춘다. 이런 시각적 효과가 발레에 대한 선입견을 상쇄시키는 효과를 주기 때문에 발레에 익숙하지 않은 관객들도 쉽게 집중할 수 있다. 3막의 '망령의 왕국' 장면에서는 여성 무용수들이 짧은 튀튀(tutu)를 입고 나오는데, 그 외의 장면에서는 이국적 향취에 흠뻑 취할 수 있다.

마임 역시 아름답다. 발레에서는 노래나 대사로 감정을 표현할 수 없는 만큼 모든 의사소통을 무용수의 몸짓으로만 해결해야 한다. 때문에 이들은 마임을 사용한다. 〈라 바야데르〉를 관람하러 가기 전 니키야나 솔로르, 감쟈티가 사용하는 마임을 미리 알고 갈 것을 권한다. 이들이 사용하는 마임은 상당히 강력해서 동작이 뜻하는 바를 알고 보았을 때와 모르고 보았을 때 그 효과가 확연하게 차이난다. 최근에는 발레 시작 전 발레단 관계자가 나와서 마임에 대한 설명과 발레에 대한 간략한 해설을 해주어 관람을 돕고 있다.

라 실피드

현존하는 가장 오래된 발레를 꼽는다면 답은 〈라 실피드(La Sylphide)〉다. 물론 그 이전에도 발레는 많았고 작품도 많았다. 하지만 전해져 내려오지 않는 게 대부분이다. 낭만 발레의 효시이기도 한 이 작품은 아돌프 누리(Adolphe Nourit)라는 테너가 대본을 썼다. 하지만 그는 익명으로 〈라 실피드〉의 대본을 썼기 때문에 지금도 누리의 대본이라는 사실을 모르는 경우가 많다.

그에 비해 안무가인 필리포 탈리오니(Fillipo Taglioni)는 항상 강조되어 그가 원작자인 것처럼 인식되어 왔다. 하지만 대본마저도 원전은 따로 있었으니, 바로 소설 〈트릴비(Trilby)〉다. 〈트릴비〉는 그 유명한 아르스나르 도서관의 관장 샤를 노디에(Charles Nodier)의 작품이다. 1832년 이 소설을 토대로 누리가 〈라 실피드〉의 대본을 썼고, 이탈리아의 필리포 탈리오니가 이 대본을 본 후 자신의 딸 마리를 위해 발레로 만들었다. 이후 1836년 오귀스트 브루농빌(August Bournonville)이 이 작품을 다시 안무한다.

후에 브루농빌에 대해 다시 언급하겠지만 그는 탈리오니의 안무에 비해 제임스(James)의 역할을 강조했으나 여러 면에서 탈리오니의 안무와 유사한 점을 보인다. 때문에 초연 당시 탈리오니의 작품을 훔쳤다는 비판을 받았다. 저작권이 없던 시대지만 도덕적인 비난은 받았던 것이다. 브루농빌은 〈라 실피드〉 외에도 전막 발레로 〈파우스트(Faust)〉를 비롯한 대작을 남겼다. 그러나 아이러니컬하게도 비난의 화살을 받았던 〈라 실피드〉가 그의 가장 인기 있는 작품이 되었다. 탈리오니의 버전은 안무가 전해지지 않았지만 브루농빌 버전은 현재까지도 전해지고 있다. 그런데 브루농빌의 〈라 실피드〉 외에 또 다른 판본이 있다. 바로 피에르 라코트(Pierre Lacotte)가 1970년대 초반에 복원한 〈라 실피드〉인데, 그의 작품은 탈리오니 버전을 복원한 것이다. 현재 전해지는 탈리오니 버전의 〈라 실피드〉는 라코트에 의해서 복원된 것이다. 라코트는 〈라 실피드〉 외에 〈온딘〉 〈파라오의 딸(Pharaoh's Daughter)〉 등을 복원하기도 했다.

〈라 실피드〉는 발레의 역사에서 큰 의미를 갖는다. 발레블랑의 시초를 명확하게 제시한 작품이기 때문이다. 요정 실피드에 의해 사랑받는 한 남자와 흰 발레복을 입은 수많은 발레리나들, 밤을 상징하는 짙푸른 배경에 은은한 달빛의 효과까지……. 탈리오니는 〈악마 로베르〉에 삽입된 춤에 이어 〈라 실피드〉를 안무함으로써 로맨틱 발레의 선구자로 인식된다.

해설 및 줄거리

스코틀랜드의 시골이 배경이다. 이피(Effie)라는 처녀와 약혼자 제임스(James)가 함께 잠들어 있다. 그리고 잠든 제임스를 실피드(Sylphide, 공기요정)가 바라보고 있다. 제임스는 요정을 보고 손을 내밀지만 그녀는 모습을 감춘다.

이피와 제임스의 가족을 비롯한 지인들이 찾아온다. 그런데 불을 쬐고 있던 마녀가 이피는 제임스가 아니라 건(Gurn)과 결혼할 것이라 예언한다. 제임스는 홧김에 마녀를 내쫓는다. 그런데 사실, 건은 이피를 짝사랑하고 있다. 홀로 있는 제임스에게 실피드가 접근한다. 넋이 나간 제임스를 목격한 건은 이피를 데려오게 되고, 실피드는 모습을 감춘다. 결혼식이 시작되자 실피드가 다시 모습을 드러낸다. 제임스의 눈에만 보이는 그녀는 결혼반지를 빼앗아 들고 어디론가 달아난다. 제임스가 실피드를 쫓아가버리자 홀로 남은 이피는 낙심한다.

2막에서는 마녀가 제임스에게 복수하기 위해 무언가를 조제하고 있다. 실피드는 제임스에게 숲의 요정들을 소개하고 이들은 환상적인 군무를 선보인다. 제임스는 계속해서 자신을 피해 달아나는 실피드 때문에 실망이 이만저만이 아니다. 마을 사람들은 제임스를 찾아 나서고, 이피는 결국 건의 진심을 받아들인다. 마녀는 제임스에게 접근해 실피드를 잡을 수 있는 특별한 스카프를 선물한다. 하지만 스카프는 마녀가 제임스에게 복수하기 위해 조제한 것이다. 실피드를 잡기 위해 제임스가 스카프를 받아드는 장면은 끔찍한 비극을 예고한다. 아름다운 스카프를 본 실피드는 호기심에 다가가고 제임스는 스카프로 실피드를 잡는다. 그러자 실피드는 날개가 떨어지더니 힘을 잃고 숨을 거둔다. 제임스는 슬퍼하고 이피와 건은 결혼한다. 마녀는 복수가 성공하자 기뻐한다. 죽은 실피드는 요정들에 의해 하늘로 올라간다.

스코틀랜드는 유럽인들에게 미스터리한 곳으로 인식되고 있었다. 때문에 스코틀랜드의 어느 시골이라는 배경은 당시의 관객들에게 '그런 신비로운 존재가 있을 법도 한 곳이지!'라는 생각을 줄 수 있었다. 원작자인 노디에 역시 소설 〈트릴비〉의 배경을 하이랜드로 설정하고 있다. 다른 점이 있다면, 남녀 주인공의 성별을 뒤바꾸어 놓았다는 것이다. 〈라 실피드〉에서 인간 남자가 여자 요정에게 유혹되는 것과 달리 소설에서는 여자가 남자 요정에게 유혹 당한다. 결혼의 파괴, 가정의 파괴라는 소재를 다루었다는 것이 두 작품의 공통점이다. 〈라 실피드〉에서 실피드가 벽난로를 통해 사라지는 장면은 매우 상징적이다. 벽난로는 그 주변으로 사람들이 모여드는 곳, 즉 가족이나 친척들이 따뜻하게 불을 쬐면서 도란도란 이야기를 나누거나 독서하는 장소다. 한 마디로 가정의 화목을 상징한다. 그런데 바로 이곳을 통로 삼아 실피드가 들락거리는 것이다. 때문에 실피드가 의도했건 그렇지 않건 가정을 파괴시키는 불길한 존재로 볼 수도 있다. 〈라 실피드〉는 러시아 출신의 무용가이자 안무자인 미하일 포킨에게도 영향을 주어 〈레 실피드(Le Sylphide)〉〈장미의 정령(Le Spectre de la Rose)〉 등의 작품을 만들게 하기도 했다.

로미오와 줄리엣

떠돌던 이탈리아의 민담을 작품으로 완성시킨 셰익스피어 덕에 우리는 이 훌륭한 발레를 접할 수 있게 되었다. 세르게이 세르기비치 프로코피에프(Sergei Sergeevich Prokofiev)의 음악을 사용하는 〈로미오와 줄리엣(Romeo and Juliet)〉은 남녀의 사랑을 다루었다는 것, 게다가 위대한 작가의 작품을 원전으로 한다는 사실만으로도 관람이 필수인 작품이다. 수세기를 지나 전해지고 있지만 지금도 〈로미오와 줄리엣〉을 뛰어넘는 러브 스토리를 찾는 것은 불가능하다고 느껴질 정도로 극 속의 어린 두 연인은 '사랑' 그 자체로 상징된다.

로미오와 줄리엣은 에로스와 그 이면의 타나토스를 모두 포함하는 사랑을 했기 때문에 예술가들에게 깊은 영감을 주었다. 1811년 빈센초 갈레오티(Vincenzo Galeotti)가 안무를 맡아 초연했으나 현재 전해지지 않고 있다. 이후 1940년 프로코피에프가 음악을, 레오니드 라브로프스키(Leonide Lavrovsky)가 안무를 맡아 마린스키 발레단에서 초연한다. 사회주의 체제 내의 상황 때문에 엔딩을 바꾸기도 한 것으로 알려져 있다.

이 작품의 완성도는 매우 높은데, 셰익스피어의 탄탄한 원전을 바탕으로 하고 있다는 것 외에도 놀라울 정도로 섬세한 프로코피에프의 음악이 한몫을 더하고 있다. 프로코피에프가 영감을 받아 작곡한 52곡의 음악은 너무나 상세해서 안무가들에게 창작의 방향을 제시하는 것처럼 들릴 정도다.

〈로미오와 줄리엣〉의 이야기를 모르는 사람은 없겠지만 행여나 하는 노파심에 간단히 줄거리를 짚고 넘어간다.

해설 및 줄거리

이탈리아의 도시 베로나(Veorna)에는 원수로 유명한 두 가문이 있다. 바로 몬태규(Montague) 가와 캐퓰렛(Capulet) 가다. 이들 가문에는 각각 아들 로미오와 딸 줄리엣이 있다. 몬태규 가의 로미오는 자신이 사랑하는 로잘린(Rosalind)과의 사랑이 이루어지지 못한 데 실망하고 있다. 줄리엣은 유모와 함께 그녀의 방에 있는데, 유모는 줄리엣이 이제 다 성숙했다며 애정 섞인 염려를 한다. 캐퓰렛 가에서는 무도회 준비가 한창이다. 그리고 바로 이곳에 로미오와 그의 장난스런 친구들이 숨어든다. 가장 무도회이기 때문에 안심하고 숨어든 로미오는 줄리엣을 만나 반하게 되고 두 사람은 빠드되를 춘다. 그런데 줄리엣의 사촌인 티발트(Tybalt)가 이 모습을 목격하여 로미오 일행은 쫓겨난다.

로미오는 줄리엣을 보고 느낀 설렘을 잊을 수 없었고, 그날 밤 줄리엣의 집으로 잠입한다. 그리고 그 유명한 발코니 장면이 시작된다. 두 사람은 서로의 사랑을 확인한다.

줄리엣이 사랑에 빠진 것을 알고 있는 유모는 어린 연인들의 편지 교환을 돕고, 결국 두 연인의 비밀 결혼식을 준비해 주기로 한다. 한편 로미오와 줄리엣이 결혼한 것을 알지 못한 채 로미오 일행과 티발트 일행이 마주친다. 머큐시오(Mercutio)의 희롱을 참지 못한 티발트는 그와 대결하게 된다. 검술에 능한 머큐시오는 티발트를 이리저리 약 올리다 결국 분노한 티발트의 손에 죽음을 맞는다. 로미오는 티발트가 줄리엣의 사촌이긴 하나 가장 친한 친구의 죽음을 복수하기 위해 티발트를 죽인다. 그리고 줄리엣과 로미오는 그날 밤을 함께 보낸다. 하지만 날이 밝으면 로미오는 추방될 운명이다. 티발트를 죽인 형벌로 만토바(Mantova)로 추방 명령을 받은 것이다. 그는 떠나고 줄리엣은 홀로 남는다.

캐플렛 가는 줄리엣을 파리스(Paris)와 결혼시키기 위해 분주하다. 줄리엣은 이미 결혼한 몸이고, 로미오를 사랑하고 있기에 파리스를 거부한다. 줄리엣은 파리스와의 결혼을 피하기 위해 로미오와의 결혼식에서 주례를 서준 신부를 찾아가 가사(假死) 상태에 이르는 약을 구한다. 줄리엣은 약을 마신 뒤 쓰러진다. 마치 시체와 같은 상태가 된 줄리엣을 두고 캐플렛 가에서는 장례를 치른다. 한편 로미오는 줄리엣에 대한 꿈을 꾸고 베로나로 몰래 돌아온다. 그는 줄리엣의 무덤가에서 그녀의 죽음을 슬퍼하며 자살한다. 깨어난 줄리엣 역시 로미오를 따라 자살한다.

감정적인 표현이 가장 두드러진 버전은 케네스 맥밀런 (Kenneth MacMillan)의 〈로미오와 줄리엣〉이다. 하지만 맥밀런의 〈로미오와 줄리엣〉은 예술적으로 높은 평가를 받지 못했는데, 아마도 너무나 정형화된 연출과 극대화된 감정표현 때문이었을 것이다. 그렇지만 보는 이로 하여금 줄리엣과 로미오의 감정에 동화되도록 만드는 능력이 뛰어나다. 일례로 로미오가 추방되는 날, 그와 꿈같은 시간을 보낸 후 방안에 혼자 남은 줄리엣을 묘사한 장면이 있다. 다른 안무가들은 줄리엣의 슬픈 감정을 나타내기 위해 춤을 추게 했으나, 맥밀런은 줄리엣을 그저 침대 위에 앉혀 놓는다. 음악은 풍성하게 차오르는데 줄리엣은 미동도 없이 앞을 응시한다. 비밀의 남편과 첫날밤을 보낸 소녀가 혼자 남아 고민하는 이 장면은 그 어떤 안무로도 표현할 수 없는 복잡한 감정을 절절하게 드러내고 있다.

무엇보다 이 장면의 백미는 2007년 카를로스 아코스타 (Carlos Acosta)와 타마라 로호(Tamara Rojo)가 출연한 로열 발레 실황을 통해 접할 수 있다. 금세라도 눈물이 주룩 하고 흐를 듯한 로호의 눈빛은 수년이 지난 지금도 잊혀 지지 않는다. 알렉산드라 페리 역시 줄리엣 역을 맡아 열연했는데, 1984년 로열 발레 실황이 바로 그것이다. 페리는 지금까지도 최고의 줄리엣으로 평가받고 있다. 그녀는 2000년에 라 스칼라 발레 실황에서도 같은 역을 맡았는데 만 스무 살이었던 1984년 판본에 비해 조금 달라진 면을 보여 아쉬운 느낌이 들긴 한다. 하지만 유모가 줄리엣의 가슴을 만지게 하면서 그녀가 소녀에서 성인으로 변해가고 있음을 알려주는 부분에서는 너무나 아름다운 감성이 느껴진다. 의상 또한 매우 아름다워 무용수들의 동작과 캐릭터의 특성을 잘 살려준다.

너무나도 유명한 발코니 장면은 안무가들이 가장 고심하는 부분이다. 발코니 장면과 마지막의 무덤 장면을 보면 안무가들의 개성을 파악할 수 있다. 원작이나 연극, 오페라나 뮤지컬과 같은 장르의 〈로미오와 줄리엣〉을 보면 발코니 장면에서 로미오가 줄리엣의 방 발코니로 올라가는 것을 관습화하고 있다. 하지만 발레에서는 춤을 추기 위해 줄리엣을 무대로 내려오게 하거나 아예 발코니를 없애버리기도 한다. 〈로미오와 줄리엣〉이라면 당연히 있어야 할 발코니 장면이 없기 때문에 관객들 입장에서는 어리둥절할 수 있다. 그러나 춤이라는 수단으로 인물을 표현해야 하기에 다양한 장면이 연출되는 것이다. 로미오와 줄리엣의 나이가 상당히 어렸다는 점에도 주목할 필요가 있다. 원전에 의하면 줄리엣은 12세에서 14세 정도, 로미오는 14세에서 16세 정도로 설정되어 있다. 때문에 고도의 테크닉도 중요하지만 어리고 풋풋한 연인의 이미지 또한 잘 살려내야 한다. 무용수들의 나이가 많을 경우에는 최고의 연기력으로 승부를 보는 수밖에 없다. 관객들에게 마법을 걸어야 하기 때문이다. 그래서 나이 상으로도 가장 줄리엣에 근접했던 페리의 1984년 공연 실황이 지금도 최고의 판본으로 꼽히는 듯하다.

백조의 호수

    지금은 대작으로 평가받으며 수많은 아류를 생산해내고 있지만 초연은 참담한 실패로 끝났던 공연이 바로 〈백조의 호수(Swan Lake)〉다. 초연 당시 발레에서 음악은 부수적인 요소로 취급되고 있었다. 하지만 음악을 담당했던 차이코프스키의 실력이 너무 뛰어났던 것일까? 음악의 수준이 너무 높았다. 문제는 그것을 연주한 오케스트라가 엉망이었고 당연히 음악에 대한 비판이 거셌다. 하지만 엄밀히 따져보면 그것은 차이코프스키의 잘못이 아니었다. 그는 음악에 충실했을 뿐이다.

    차이코프스키가 작고한 후 마리우스 프티파는 〈백조의 호수〉의 음악을 수정하고 안무를 바꾸어 공연하는데 이때부터 〈백조의 호수〉는 발레사에 길이 남는 명작이 된다. 〈백조의 호수〉에는 호숫가에서 백조떼가 보여주는 환상적인 발레 블랑을 비롯해 손에 꼽는 명장면들이 있다. 특히 백조 오데뜨(Odette)와 흑조 오딜(Odile)은 발레리나들에게 꿈의 캐릭터다. 오죽하면 흑조 역할을 다룬 영화 〈블랙 스완(Black Swan, 2010)〉이 나왔을까? 주연 배우 나탈리 포트먼(Natalie Portman)이 이 역할로 아카데미 여우주연상까지 받았으니 앞으로는 영화계에서마저 탐내는 캐릭터가 될 듯하다. 포트먼은 이 영화를 위해 급격한 다이어트를 시도했던 것으로 알려져 있는데 발레리나들의 체형을 감안한다면 당연한 선택이다. 하지만 고도의 기술을 요하는 많은 장면에서 발레리나 사라 레인이 대역을 했고, 이 대역을 '스턴

트(stunts)'로 표기해 논란을 낳기도 했다.

해설 및 줄거리

1막의 시작은 왕자가 성인이 된 것을 축하하는 장면이다. 마을 처녀들과 즐겁게 춤을 추던 지그프리드(Siegfried) 왕자는 선물로 받은 활과 화살을 들고 숲으로 사냥을 나간다. 2막에서 숲속 호숫가에 온 왕자는 해가 저물어 인간으로 변한 백조들을 보게 되는데 그들은 오데뜨 공주와 시녀들이다. 왕자가 사랑을 고백하자 공주는 변치 않는 사랑을 받아야 자신이 저주에서 풀려날 수 있음을 알려준다. 왕자는 그녀에게 사랑을 맹세하고 헤어진다. 3막에서는 무도회가 펼쳐진다. 왕자는 각국의 공주 가운데 신부를 골라야 한다. 하지만 왕자는 오데뜨 공주를 기다리고 있다. 그때 악마 로트바르트(Von Rothbart)가 딸 오딜을 데리고 들어온다. 오딜에게 반한(오데뜨로 착각했다는 설정이 대부분이지만 오딜에게 반했다는 설정도 있다) 왕자는 로트바르트가 요구하는 대로 오딜에 대한 사랑을 맹세한다. 그런데 그가 사랑을 맹세하자 악마 부녀는 본색을 드러낸다. 4막에서 영원히 백조로 살게 된 오데뜨는 뒤늦게 자신에게 돌아온 왕자와 함께 슬퍼한다. 그 이후의 결말은 발레단에 따라 다르다. 로트바르트와의 결투로 왕자가 죽음을 맞는 설정, 오데뜨가 백조가 되어 날아가는 설정 등 비극이 있는가 하면 볼쇼이 발레단처럼 해피엔딩인 경우도 있다. 키로프 발레단에 속해 있던 루돌프 누레예프는 망명한 뒤 러시아 황실 발레를 수정해 서방에 소개

했다. 〈백조의 호수〉 역시 그의 생각대로 수정되어 안무했고 마고트 폰테인(Margot Fonteyn)과 함께 춤추었다.

2막 호숫가 장면에서 백조들의 군무는 발레 블랑의 매력을 잘 보여주고 있다. 〈라 실피드〉〈지젤〉〈라 바야데르〉의 발레 블랑과 비교해서 보는 것도 좋을 듯하다. 나탈리아 마카로바(Natalia Makarova)가 백조를 연기한 로열 발레 실황은 백조의 기준을 설정했다는 평을 받고 있으며, 누레예프와 폰테인이 호흡을 맞춘 1966년 로열 발레 실황은 최고의 공연이라는 평을 받고 있다.

백조의 호수는 인간의 양면을 보여준다. 선으로 대표되는 오데뜨와 지그프리드, 악으로 대표되는 오딜과 로트바르트. 하지만 관객들로 하여금 기대를 자아내는 것은 오히려 흑조의 춤이다. 분명 오데트의 승리를 원하면서도 흑조를 궁금하게 만드는 것! 그것이 바로 인간 내면에 숨겨진 또 다른 자아다.

〈백조의 호수〉는 여러 민담과 신화가 조합된 작품이라고 볼 수 있다. 그리스·로마 신화의 레다(Leda) 전설, 독일의 동화 속 백조 공주, 또 백조 왕자에 대한 이야기들. 백조는 그 우아한 자태 때문인지 예술가들에게 특별한 영감을 주는 새인 것 같다. 〈빈사의 백조(The Dying Swan)〉로 유명한 안나 파블로바(Anna Pavlova)는 런던의 집에 백조를 키웠다고 하지 않는가?

잠자는 숲속의 미녀

〈잠자는 숲속의 미녀(The Sleeping Beauty)〉는 프랑스의 작가 샤를 페로(Charles Perrault)의 동화를 소재로 만든 발레로, 음악은 표트르 차이코프스키(Pyotr Tchaikovsky)가, 안무는 마리우스 프티파가 만들었다. 자신에게 허용된 시간이 얼마 남지 않았다고 생각했는지 프티파는 〈잠자는 숲속의 미녀〉를 엄청난 규모의 발레로 만들어냈다. 작품 속에는 많은 디벨티스망이 들어있고, 한 막 분량의 프롤로그까지 마련되어 있다. 단순한 플롯의 동화를 택한 이유는 관객들이 오로지 공연에만 집중할 수 있도록 하기 위함이었을 것이다. 실제로 누구나 알고 있는 〈신데렐라〉 〈백조의 호수〉 등의 소재가 발레로 만들어졌음을 생각해 본다면 안무가들이 원한 것이 무엇이었는지 짐작할 수 있다.

페로의 동화 역시 이전에 떠돌던 이탈리아의 민담에서 기인한 것인데, 그 내용이 상당히 잔인하고 비도덕적이다. 발레에서는 그림 형제가 다시 고쳐 쓴 버전 역시 차용되었다. 〈잠자는 숲속의 미녀〉는 고전 발레의 원형이라고 인식돼 왔는데 프티파는 작곡 단계에서부터 심각할 정도로 간섭했다. 안무를 미리 구상하고 음악을 주문한 것이나 다름없었다. 때문에 차이코프스키는 매우 스트레스를 받았으나 '천재 작곡가'라는 이름에 걸맞게 발레에 어울리는 최상의 음악을 만들어 냈다.

줄거리를 살펴보자. 줄거리를 모를 것이라 생각하여 살펴보는 것이 아니다. 발레 자체가 워낙 복잡다단하고 규모가 크기 때문에 한번쯤 짚고 넘어가야 하는 것이다. 〈잠자는 숲속의 미녀〉는 발레에서 볼 수 있는 모든 요소를 모아 보여주겠다는 안무가의 의도가 다분히 엿보이는데, 그 증거의 하나가 바로 앞에서 언급한 프롤로그(Prologue)다. 심지어 프롤로그 앞에는 짧지만 인트로덕션(Introduction)까지 있다.

해설 및 줄거리

인트로덕션에는 카라보스(Carabosse)와 라일락 요정(Lilac Fairy)의 대치가 있다. 카라보스는 동화에서 마녀, 라일락 요정은 요정 대모에 해당한다. 카라보스 역은 배우가 대신하는 경우도 있고 남성이 맡기도 한다. 공주가 태어나고 축하 파티에 요정들이 출연한다. 그들은 각각 아름다움, 우아함, 빵, 카나리아, 활기를 선사하는 춤을 춘다. 그런데 갑자기 카라보스가 등장하여 공주에게 저주를 퍼붓는다. 모두가 공포와 슬픔에 떨고 있을 때 라일락 요정은 공주에게 축복을 내린다. 이 프롤로그는 길이가 무척 긴데다 각각의 요정들이 화려한 의상을 입고 나와 자신이 상징하는 것을 선물하면서 춤을 춘다. 시작부터 스펙터클로 관객을 사로잡는 것이다. 때문에 프롤로그 부분을 절대로 놓쳐서는 안 된다. 디즈니 만화에서 보던 단순한 장면을 생각한다면 큰 오산이다. 이 발레에서는 프롤로그가 매우 중요하다. 그리고 드디어 1막이 시작된다.

1막이 시작되고 한참이 지나야 오로라(Aurora) 공주가 등장한다. 공주는 아름답게 성장해 있다. 그리고 댄스의 향연이 벌어지는데 공주는 바늘에 찔려 쓰러지고 만다. 2막은 100년의 시간이 훌쩍 지난 시점이다. 왕자의 이름은 데지레(Desire). 그는 라일락 요정의 도움으로 공주의 환영을 본다. 공주에게 반한 왕자는 사랑에 빠져버리고 곧 공주가 잠든 성으로 향한다. 3막은 깨어난 오로라 공주와 데지레 왕자의 결혼식이다. 여기서도 엄청난 향연이 벌어진다. 온갖 동화의 주인공들이 등장하는데 각각 금과 은, 사파이어, 다이아몬드에 해당하는 바리아시옹을 보여주기도 한다. 특히 파랑새 빠드되가 유명하다. 화려한 결혼식을 끝으로 발레는 마무리된다.

재미있는 것은 공주의 이름 오로라가 '서광, 여명, 새벽'의 의미를 지니는데 반해 왕자의 이름 데지레는 '욕망'을 의미한다는 점이다. 숲을 헤집고 들어가 공주를 아내로 맞는 왕자의 모습이 동화적으로 보일지는 몰라도 소소한 성적인 묘사가 곳곳에 숨어있다.

프티파의 〈잠자는 숲속의 미녀〉는 페로의 동화 중 1부에 해당하는 결혼까지의 이야기만 다룬다. 즉 해피엔딩으로 끝이 난다. 하지만 동화의 2부에서는 살벌한 결혼생활이 시작된다. 이 탈리아 민담을 동화로 엮은 잠바티스타 바질레(Giambattista Basile)의 『태양, 달, 그리고 탈리아(Sole, Luna, e Thalia)』의 경우에는 황당하게도 왕자가 이미 결혼한 몸이었다는 설정에다 사람을 불에 집어던지는 장면, 식인, 강간 등의 묘사까지 포함되어 있다. 페로의 버전 역시 잔인하고 성적인 내용이 수록되어 있다. 그런데 프티파는 주인공들의 행복이 정점에 이르렀을 때 발레를 마치게 한다. 때문에 상투적이고 소녀취향으로 보일 수 있지만 발레를 어렵게 느끼는 성인 관객들이나 어린이들까지 거부감 없이 환상의 세계로 빠져들 수 있다.

추천하는 영상물은 알리나 코조카루(Alina Cojocaru)가 오로라를 연기한 2006년 로열 발레 실황이다. 코조카루는 이 영상에서 깜찍하면서도 상큼한 소녀의 모습으로 등장하는데, 특히 '로즈 아다지오(Rose Adagio)' 장면을 눈여겨봐야 한다. 그녀는 이 영상물에서 오로라의 삼단 변화(소녀에서 환상 속의 연인으로, 다시 왕자의 신부로)를 훌륭히 소화한다. 이 여성 무용수는 마치 여동생처럼 친밀하면서 귀여운 얼굴을 하고 있지만, 춤을 출 때는 대단히 카리스마가 넘치는 것으로 유명하다. 명성에 비해 영상물이 적은 것으로도 유명한데 그런 면에 있어서 〈잠자는 숲속의 미녀〉는 꼭 챙겨봐야 하는 영상이다.

마이얼링

지금까지 살펴본 발레들이 주로 요정이나 공주 동화의 이야기였다면 〈마이얼링(Mayerling)〉은 황태자가 주인공이다. 게다가 실화를 소재로 하고 있고, 실존했던 황태자가 주인공이다. 이 작품은 케네스 맥밀런이 안무하고, 프란츠 리스트(Franz Liszt)의 음악을 존 랜치베리(John Lanchbery)가 선곡하고 편곡했다. 맥밀런은 1977년에 이 발레를 선보이는데 작품이 준 충격은 어마어마했다. 드라마 발레로 인식되는 이 작품에서는 연기력이 상당히 중요한 요소다. 비극의 실화를 표현함에 있어서 연기력이 모자란다면 아무리 춤을 잘 추어도 관객들로 하여금 공감대를 형성할 수 없기 때문이다. 그리스 비극 한 편을 보는 듯한 이 발레에는 중간 중간 경악할만한 장면이 나오는데, 이처럼 파격적인 안무를 시도하는 것이 맥밀런의 특징이다. 여자 주인공을 중심으로 엮인 기존의 발레와 달리 황태자 루돌프(Rudolph)를 중심으로 사건이 전개된다는 점도 중요하다. 때문에 루돌프 역의 발레리노는 끊임없이 춤을 추어야 하며 광기가 흐르는 비통한 심경을 표현하기 위해 기술과 체력, 연기력 등 모든 재능을 갖춰야만 한다.

발레 〈마이얼링〉을 관람하기 전에 '마이얼링 사건(The Mayerling Incident)'이 무엇인지 알아보자. 유럽의 역사나 문화·예술에 관심이 있는 사람이라면 '씨씨 엘리자벳(Sissi Elizabeth)'이라는 이름을 들어본 적이 있을 것이다. 최근에는 우리나라에서도 〈엘리자벳〉이라는 제목의 뮤지컬을 통해 그녀의 삶을 엿볼 수 있는 기회가 생겼다. 〈엘리자벳〉은 가장 큰 성공을 거둔 독일어권 뮤지컬이라는 평을 받고 있다. 독일어권 사람들의 엘리자벳에 대한 사랑과 관심이 얼마나 큰지 알 수 있는 대목이다. 사실 이제야 우리나라에 소개되는 것이 조금 아쉬운 면이 있다.

엘리자벳은 애칭인 '씨씨'로 불렸는데 그녀가 유명한 이유는 바로 숨 막히는 아름다움 때문이다. 하지만 미인박명(美人薄命)이라 했던가? 그녀의 삶은 평탄치 않았다. 그녀의 남편 프란츠 요제프 1세(Franz Joseph I)는 합스부르크 왕가 출신의 황제다.

그의 결혼 상대자는 원래 바바리아의 공주 헬레네(Helene)였는데 그는 엉뚱하게도 헬레네의 여동생 엘리자벳에게 반했던 것이다. 오랜 근친혼으로 인해 유럽 왕가에서는 아름다운 외모의 왕녀를 찾아보기 힘들었다. 하지만 엘리자벳은 예외였다(온라인상에서 '씨씨 엘리자벳'이라는 이름을 검색해보면 그녀의 아름다운 모습을 쉽게 확인할 수 있다).

유럽 역사상 가장 아름다운 왕비로 여겨지는 엘리자벳은 실제로 미모를 유지하기 위해 노력을 아끼지 않았다. 그녀는 172센티미터 정도의 장신에 체중은 48킬로그램 정도 나갔는데 놀라운 것은 평생 이 체형을 유지했다는 것이다. 게다가 허리는 18인치였다고 전해진다. 그녀는 광적으로 승마와 조깅에 집착했다. 문제는 황제는 그녀를 사랑했지만 그녀는 황제에 대한 애정이 없다는 데 있었다. 그도 그럴 것이 시어머니의 참견이 너무나 심해 아이를 낳은 후 시어머니로부터 아이들과의 접촉이 차단될 정도였다. 시어머니는 왕비에게 정신이상 증세가 있어 아이들을 맡길 수 없는 것이라 했으나 엘리자벳의 입장에서는 억울할 수밖에 없었다. 결국 시어머니의 강압적 태도와 궁정의 딱딱한 생활은 그녀를 우울증으로 내몬다. 판타지적 요소가 가미된 뮤지컬 〈엘리자벳〉에는 '죽음'이라는 역할이 따로 있는데, 이는 괴로웠던 그녀의 심정을 그대로 반영해 주는 설정이라 할 수 있다.

그런 그녀가 낳은 아들이 바로 루돌프다. 어린 시절부터 어머니와 떨어져서 살아야 했던 루돌프는 줄곧 애정결핍 증세를 보였고 병약했다. 성인이 된 후에는 방탕한 생활로 지저분한 성병까지 앓았다고 한다. 그런데 그 병이 자신의 아내인 황태자비 스테파니(Stefani)에게도 옮아 결국 두 사람 모두 불임이 되고 만다. 다행인 것은 스테파니가 불임이 되기 전 딸을 하나 낳은 것이다.

루돌프 왕자는 정치적으로 중요한 인물이었다. 때문에 그가 불임이 되었다는 사실은 왕실의 종말을 의미하는 것이기도 했다. 그를 퇴폐적으로 이끈 인물은 미치 카스파르(Mitzi Caspar)라는 유한마담이다. 그녀는 황태자가 다니는 퇴폐 클럽의 마담이었는데 황태자의 정적(政敵)으로부터 의뢰를 받아 황태자를 타락으로 이끌었다는 설이 있다. 황태자비 스테파니는 남편의 관심이 멀어져도 그것을 되찾기 포기한 여성이었고, 어머니 엘리자벳은 어릴 때부터 거리를 두고 자란 아들이 편하지 않았기에 서로 반목했다. 그런데 루돌프에게는 애인이 있었다. 라리쉬 백작부인(Countess Larisch)이라고 불린 그녀는 아름다움과 총명한 머리를 갖고 있었다. 루돌프와 애인 관계로 지냈지만 기혼이었고 엘리자벳의 친척이기도 했다. 라리쉬의 매력은 대단해서 훗날 영국의 시인이자 극작가인 T. S. 엘리엇(T. S. Eliot)에게도 영향을 미칠 정도다. 라리쉬 백작부인은 나이가 들자 루돌프에게 어린 애인을 소개한다. 그 어린 애인이 바로 열여섯 살의 소녀 마리 베체라(Marie Vetsera)다. 마리 베체라는 루돌프의 죽음 충동을 두려워한 다른 연인들과 달리 그의 광기를 이해하고 자신도 함께 광적인 사랑에 빠져든다. 그리고 그들은 결국 운명을 함께 하게 된다.

　루돌프와 마리 베체라의 의문의 죽음이 바로 '마이얼링 사건'이다. 그들은 총기로 동반 자살한 것으로 알려졌으나 여러 타살 의혹으로 인해 현재까지도 사인이 확실히 밝혀지지 않고 있다. 루돌프가 사망하자 합스부르크 왕가는 대가 끊기고 역사 속으로 사라지게 된다.

해설 및 줄거리

　광기어린 사랑과 끊임없는 죽음에의 충동은 예술가들이 극진히 사랑하는 소재다. 특히 맥밀런처럼 파격적인 안무와 작풍을 지닌 예술가에게 이 사건은 더없이 좋은 소재였을 것이다. 〈마이얼링〉의 프롤로그에서는 무덤에 시신을 입관하는 장면이 펼쳐진다. 1막이 시작되고 얼마 지나지 않아 헝가리 군인들의 군무가 시작되는데, 이런 장면은 루돌프가 정치적으로 중요한 인물이며 그의 주변에 늘 정치·군사적인 움직임이 존재했음을 의미한다. 스테파니 공주와 결혼한 루돌프는 신혼 첫날밤에 해골과 총을 휘두르며 스테파니를 위협한다. 루돌프는 자신의 위협에 겁을 먹는 스테파니를 보면서 그녀를 비웃는다. 하지만 다음에 등장하는 마리 베체라의 반응은 다르다. 루돌프는 그녀에게도 똑같이 해골과 총을 휘두르는데 마리는 겁을 먹기는커녕 즐거워한다. 이런 마리의 모습을 보고 루돌프는 애정을 느끼면서 자신의 동반자임을 직감한다. 3막은 더욱 극단으로 치닫는데, 부친 살해 혐의를 받은 루돌프가 고통스러워하면서 마리와 격정적인 2인무를 추는 장면, 그리고 두통으로 인해 진통제를 직접 주사하는 장면이 나온다. 마리 베체라와 루돌프의 2인무는 꽤 적나라해서 죽음을 앞둔 루돌프의 절박함을 느끼게 한다. 비극적 결말이 지나고 다시 프롤로그의 매장 장면이 에필로그에서 되풀이된 후 발레는 막을 내린다.

추천하는 영상물은 1994년 로열 발레 실황으로 이렉 무하메도프(Irek Muhamedov)가 루돌프를, 비비아나 두란테(Vivianna Durante)가 마리 베체라를 맡았다. 무하메도프는 작품 내내 강한 남성미로 무대를 압도한다. 체형도 남자답고 얼굴 생김새 역시 남성적이다. 때문에 관객들은 고난도의 체력을 요구하는 장면이 시작되어도 편안한 마음으로 작품을 감상할 수 있다. 그런데 전혀 다른 매력의 루돌프를 등장시키는 영상물이 있다. 2009년 로열 발레 실황인데 여기서는 에드워드 왓슨(Edward Watson)이 루돌프를, 마라 갈레아치(Mara Galeazzi)가 마리 베체라를 맡았다. 왓슨의 호리호리하고 창백한 외모 때문에 보기 불안하다는 관람자도 있는데, 사실 걱정할 필요는 없다. 체력이나 기량이 충분하기 때문에 루돌프를 맡을 수 있는 것이다. 게다가 왓슨의 연기력이 매우 뛰어나 보는 내내 그가 실제 루돌프라는 착각이 들 정도다. 특히 후반부로 갈수록 정신분열증 증세가 심화되는 루돌프를 잘 표현했다. 마리 베체라 역의 경우 두란테가 압도적인 호평을 받은 반면, 루돌프 역의 경우는 우열을 가리기 힘들다.

마농

쥘 마스네(Jules Masnet)의 음악으로 만들어진 발레 〈마농 (Manon)〉은 케네스 맥밀런의 특별한 안무로 인해 생명을 얻게 된다. 〈마이얼링〉에서도 언급한 바 있지만 맥밀런은 충격적이고 적나라한 표현을 가감 없이 사용한 것으로 유명하다. 〈마농〉의 원작은 프랑스의 소설 『기사 데 그뤼와 마농 레스코의 이야기 (L'histoire du chevalier des Grieux et de Manon Lescaut)』다. 아베 프레보 (Abbé Prévost)가 쓴 작품으로 지금도 서점에서 쉽게 찾을 수 있다. 소설은 어리고 아름다운 팜므파탈과 순진한 기사와의 비극적 사랑을 소재로 한다. 마농은 오페라와 발레에서도 좋은 소재다.

해설 및 줄거리

화자는 미국으로 창녀들을 끌고 가는 호송선 근처에서 안타까워하는 한 젊은 청년을 보고 있다. 행색은 좋지 않지만 그에게는 기품이 서려 있어 매우 관심이 간다. 화자는 그 청년에게 호기심이 생겼으나 그날은 말을 걸지 못한다. 그리고 몇 년 후 또 다시 그 청년을 만나게 되어 청년으로부터 그동안 겪은 이야기를 듣게 된다.

좋은 가문 출신의 데 그뤼(Des Grieux)는 집안의 기대를 한 몸에 받고 있다. 그런 그에게 마농(Manon)이라는 아가씨가 접근한다. 마농은 보잘것없는 집안 출신으로 가진 것이라고는 아름다운 외모, 그리고 남자를 유혹하는 기술뿐이다. 이 소녀는 어린 시절부터 남자들을 유혹하는 데 탁월한 기질을 발휘했고 남자들로부터 물질적 대가를 받아냈다. 그녀의 부모는 마농이 통제 불가능하다는 사실을 알게 되자 그녀를 수녀원으로 보내기로 결정했는데 수녀원에 가던 도중 잠시 쉬기 위해 들른 여인숙에서 데 그뤼를 만난 것이다. 오페라나 발레, 초기 소설 같은 고전 속에 등장하는 수녀원은 사실 종교단체라고 하기엔 부적합하다. 이러한 시설들은 결혼 전까지 소녀들을 순결하게 가두어두거나 고아 소녀들, 또는 마농처럼 행실 좋지 못한 처녀들을 모아두는 기숙사의 기능이 강했다. 잠깐 사이에 마농에게 반해버린 데 그뤼는 마농과 함께 여인숙을 떠난다. 탄탄한 미래를 앞둔 청년이 처음 만난 소녀와 도망을 친 것이다.

도망친 젊은 연인은 행복한 시간을 보낸다. 하지만 곧 부모의 기대를 저버린 것에 대한 가책과 경제적 부담이 데 그뤼를 짓누른다. 갈등하는 그를 본 마농은 자신이 생활을 책임지겠다고 말한다. 데 그뤼는 마농이 어떤 방법을 쓰려 하는지 알지 못한다. 어느 날 데 그뤼는 집안의 이상한 낌새를 눈치 채는데 시녀를 통해 자신의 집에 늙은 재무대신 B가 드나들고 있다는 사실을 알게 된다. 마농이 매춘을 하고 있다는 사실을 알게 된 데 그뤼는 절망한다. 하지만 경제적인 풍요로움 없이는 살 수 없는 여자가 마농이다. 어느 날 아버지가 보낸 사람들이 데 그뤼를 찾으러 온다. 데 그뤼는 끌려가면서 자신이 사는 곳을 밀고한 자가 누구인지 궁금해 한다. 데 그뤼의 아버지는 돌아온

아들이 반가우면서도 핀잔을 준다. 그는 마농에 대한 데 그뤼의 마음을 접게 하려고 마농 같은 매춘부의 꼬임에 넘어간 것을 꾸짖으며 마농과 재무대신의 관계를 이야기 해준다. 친구로부터 마농이 늙은 후원자와 동거하고 있다는 사실을 알게 되자 데 그뤼는 신학원에 들어간다. 그런데 신학원에 들어가 성직자로서의 초석을 다지고 있는 데 그뤼 앞에 마농이 나타난다. 마농은 데 그뤼를 놓아줄 생각이 없다. 결국 마농의 설득에 넘어간 데 그뤼는 다시 도주를 하고 만다.

한적한 마을에 집을 얻었지만 마농은 파리에 가고 싶어 한다. 그런데 이번에는 마농뿐 아니라 사기꾼인 그녀의 오빠 레스코(Lescaut)까지 드나든다. 레스코는 돈이 떨어지자 마농의 매춘을 제안한다. 데 그뤼가 거절하자 이번에는 사기도박으로 돈을 벌자고 유혹한다. 이 역시 옳지 못하다고 판단한 데 그뤼는 친구로부터 도움을 받지만 결국 사기도박단에 합류한다. 그렇게 번 돈으로 다시 부유한 생활을 하는 것도 잠시다. 이번에는 하인들이 재산을 갖고 도망친다. 다시 빈털터리가 된 이들은 한 나이든 남자를 상대로 사기를 치고 쫓기는 신세가 된다. 마농은 병원에, 데 그뤼는 감옥에 수감되지만 친구의 도움으로 어렵게 탈출한다. 하지만 이들은 이후 다시 다른 사건에 휘말리면서 투옥된다. 데 그뤼의 아버지가 찾아와 데 그뤼를 풀어주고 마농을 미국으로 보낸다(이 시대에는 매춘을 한 여성 범죄자들을 미국으로 이송하곤 했다).

자유의 몸이 된 데 그뤼는 이번에도 마농을 찾아 나선다. 호송선에 타는 마농을 따라가기 위해 가진 돈을 전부 쓰고 데 그뤼가 초라한 모습을 하고 있을 때 화자와 데 그뤼가 처음 만나게 된 것이다. 데 그뤼는 마농을 따라 미국으로 간다. 마농과 어렵게 대화를 할 기회를 얻는데, 마농은 자신이 변했노라 말한다. 하지만 미국 주지사의 조카가 마농에게 반해버리고, 결국 데 그뤼와의 결투 끝에 죽는다. 데 그뤼와 마농은 사막으로 도망치는데 도중에 마농이 죽게 된다. 데 그뤼는 사막에 마농을 묻고 자신도 죽으려 하지만 그를 쫓아온 친구의 손에 구출된다. 친구와 함께 본국으로 돌아온 데 그뤼는 아버지의 사망 소식을 접한다. 데 그뤼가 일으킨 사건들로 인해 상심한 나머지 아버지가 별세한 것이다. 소설은 이렇게 끝을 맺는다.

마농 레스코의 죽음
(카미유 로크플랑, 19세기 경, 루브르 박물관 소장)

프레보는 이 소설을 자신의 소설집에 실었다고 한다. 하지만 『기사 데 그뤼와 마농 레스코의 진실한 이야기』는 단행본으로 출간되어 많은 인기를 얻고 있다. 이 작품은 지금 읽어도 지루한 구석이 없고 박진감 넘치는 전개를 보인다. 소설에는 팜므파탈, 매춘, 원조교

제, 사기도박 등의 자극적인 소재가 균형 있게 조합되어 있다. 사기꾼에 범죄자인 마농을 잊지 못하고 또다시 그녀를 따라 도주하는 데 그뤼의 모습을 보면 의문이 드는 부분이 많지만 그만큼 마농은 아름다웠고 유혹의 기술이 뛰어났던 것 같다.

그렇다면 발레 〈마농〉은 어떠한가? 사실 발레만큼 마농을 표현하기 좋은 장르는 없다고 생각된다. 맥밀런은 소설 속에서도 상상만 하고 넘어갔을 부분을 시각화하는 데 성공한다. 그는 소설 상에서 부수적인 인물로 여겨졌던 캐릭터들의 분량을 대폭 늘렸다. 소설은 데 그뤼가 화자에게 설명을 하는 방식으로 전개되는 데다 마농에 초점이 맞춰져 있어 그 외 인물들에 대한 분량은 매우 적거나 부정적인 묘사로 가득 차 있었다. 그러나 발레에서는 다르다.

우선 맥밀런은 마농의 오빠 레스코의 분량을 늘렸다. 2막 1장에서 레스코가 술에 취한 채로 춤추는 장면이 있는데 마치 취권을 보는 듯한 설정이어서 웃음을 자아낸다. 이 장면을 발레 〈마농〉 최고의 장면이라고 꼽는 팬들도 많다. 그 외에도 마농을 유혹하는 수많은 손길들, 어디가나 그녀를 유혹하는 남자들, 그들이 마농을 손에 넣기 위해 사용하는 보석들, 그녀를 향한 탐욕이 적나라하게 묘사된다. 맥밀런은 레스코의 애인 역할까지 만들어낸다. 레스코의 캐릭터에 비중을 실어주기 위한 그의 배려를 확실히 엿볼 수 있는 대목이다.

소설 속에서 데 그뤼는 마농에 대한 묘사에 치중하고 있어 마농의 비도덕성을 아는 독자들은 그녀를 비판하는 시각으로

읽게 된다. 하지만 맥밀런은 발레에서 그녀를 유혹하는 늙은 관리와 재력가들을 등장시킴으로써 그녀의 품성이 아니라 그녀를 타락의 늪으로 몰아가는 성인 남성들에게 문제가 있음을 비판하고 있다. 맥밀런은 과도할 정도의 춤으로 사랑과 죽음을 표현하는데 이 작품에서도 마찬가지다. 레스코가 죽어갈 때는 그동안의 악행에도 불구하고 그를 동정하게 되는데, 이는 아마도 그가 이전에 보여 준 술에 취한 춤의 영향 때문인 것 같다. 맥밀런은 사악함으로 대변되는 캐릭터에게 다른 면을 부여함으로써 관객들이 레스코의 캐릭터 역시 사랑할 수밖에 없게 만든다.

마농과 데 그뤼의 2인무 역시 아름답기 그지없다. 두 인물을 묶어주는 사랑의 흐름을 그대로 투영시킨 움직임은 강렬한 사랑에 빠져든 철없는 연인들에게 어울리는 움직임이다. 죽어가는 마농에게 생명을 불어넣고 싶어하는 데 그뤼의 격렬한 움직임은 그의 처절한 슬픔을 드러내는 데 적합하다.

마농의 유혹적인 몸짓을 잘 표현한 발레리나로는 제니퍼 페니(Jennifer Penny)와 타마라 로호가 유명하다. 추천하는 영상물은 1982년과 2008년의 로열 발레 실황이다. 각각 페니와 로호가 마농 역할을 맡았다. 2005년 로열 발레단이 내한했을 때 선보인 작품 중에도 〈마농〉이 있었는데 알리나 코조카루와 다시 버셀(Darcey Bussell)이 마농 역을 맡았다. 당시 코조카루는 마농에 일치하는 외모를 보여줬으나 전체적으로 극을 이끌어가는 카리스마를 발휘하지 못했고, 버셀의 경우 극을 리드하는 능력이 탁월했다는 평을 받은 바 있다. 영국 발레의 특징인 정교한 의상 디자인 역시 볼거리다. 〈마농〉에서는 화려하고 아름다운 발레 의상들을 볼 수 있다. 이 환상적인 의상들은 후반부의 누더기 의상과 대조되면서 보는 이로 하여금 더욱 마음을 뭉클하게 만들고 서정적인 카타르시스를 불러일으킨다.

오페라 〈마농〉 역시 많은 사랑을 받고 있다. 오페라 버전의 〈마농〉은 르네 플레밍(Renee Fleming)이 마농을 부른 2001년 바스티유 극장 실황과 나탈리 드세이(Natalie Dssay)가 마농을 부른 2007년 리세우 대극장 실황이 호평을 받고 있다. 2007년 안나 네트렙코(Anna Netrebko)가 부른 베를린 슈타츠오퍼 실황의 경우, 화려한 의상과 현대적 연출이 돋보인다. 하지만 네트렙코 특유의 육중한 느낌으로 인해 극의 분위기가 살지 않는다. 리세우 대극장 실황과 베를린 슈타츠오퍼 실황 모두 롤란드 비야손(Roland Villazon)이 데 그뤼 역할을 맡았고, 훌륭히 소화해냈으니 두 실황을 비교해 보는 재미도 좋을 듯하다.

오네긴

러시아를 배경으로 하는 작품 〈오네긴(Onegin)〉은 알렉산드르 푸슈킨(Aleksandr Pushkin)의 원작 『예브게니 오네긴(Evgenii Onegin)』을 발레로 옮긴 것이다. 작곡가 차이코프스키의 손에서 탄생한 음악은 1965년 존 크랑코(John Cranko)를 통해 세련미 넘치는 발레로 재탄생한다.

'오네긴'은 남자 주인공의 이름이다. 이 작품 역시 다른 발레와 마찬가지로 남녀의 사랑이 주된 주제다. 하지만 이루어지지 않는 사랑이다. 한 남녀의 사랑이 주변인에게 미치는 의도치 않은 피해까지 담고 있어 보는 이로 하여금 사색에 잠기게 만든다. 〈오네긴〉 속의 남자 주인공 예브게니 오네긴과 타티아나의 사랑은 타이밍이 맞지 않은 실패한 사랑으로 해석될 수 있다. 그러나 동시에 서로를 바라보는 데는 실패했지만 흘러가는 시간 속에서 지난 사랑에 대한 후회를 보여주기도 하고, 성숙한 사랑이란 무엇인가에 대해 다시 한 번 되짚어 볼 수 있는 기회를 제공하기도 한다.

해설 및 줄거리

1막의 배경은 러시아의 시골이다. 남편을 잃고 홀로 된 라리나(Larina)에게는 두 명의 딸이 있다. 아름다운 두 딸은 각각 타티아나(Tatiana)와 올가(Olga)라는 이름을 갖고 있다. 시골이지만 대지주의 딸이었기 때문에 이들의 생활은 나쁘지 않다. 동생인 올가는 현재 렌스키(Lensky)라는 시인과 결혼 예정이다. 반면 언니인 타티아나는 문학소녀이고 책 속의 연애사만 알고 있기 때문에 현실 속에서 사랑에 대처하는 데는 능숙하지 못하다. 그런데 올가를 방문한 렌스키가 친구를 데려온다. 렌스키가 데려온 친구가 바로 이 발레의 주인공 오네긴이다. 타티아나는 오네긴을 보자마자 반하게 되고 밤을 새워 편지를 쓴다.

2막에서 오네긴은 타티아나의 순진함에서 비롯된 행동을 힐난한다. 처음 본 사람에게 무턱대고 사랑고백을 하는 타티아나가 세련되지 못하게 느껴지고 내심 부담스러웠던 것이다. 타티아나의 집에서 파티가 열리자 렌스키와 함께 파티에 참석한 오네긴은 타티아나를 피할 겸 올가와 춤을 춘다. 그런 오네긴의 행동은 렌스키의 질투를 부추기게 되고, 렌스키는 결국 친구인 오네긴에게 결투를 신청한다. 오네긴은 렌스키의 결투를 받아들이고 둘의 결투에서 렌스키는 사망한다. 렌스키가 신청한 결투에 정당한 방법으로 대응했기 때문에 오네긴은 벌을 받진 않는다. 하지만 그 역시 친구를 죽였다는 충격과 죄책감에 시달려 유럽으로 떠난다.

3막은 몇 년이 지난 후다. 상트페테르부르크로 돌아오게 된 오네긴은 자신의 먼 친척이자 지인인 그레민 공작(Prince Gremin)

예브게니 오네긴과 렌스키의 결투
(일리야 레핀, 1899)

의 파티에 참석한다. 그레민 공작은 퇴역 장교이며 상이군인으로 나이가 많다. 그는 엄청난 부호에다 배려 깊고 관대한 성격을 지닌 사람이다. 오네긴은 공작이 결혼했다는 소식을 듣게 되는데 이것이 어찌된 일인가? 그의 부인이 바로 타티아나였던 것이다. 타티아나는 더 이상 촌스런 시골뜨기가 아니었고 세련된 모습의 그레민 공작부인이 되어 있었다. 그녀는 사교계의 여왕으로서 자신의 가치를 훌륭히 증명하고 있었다.

오네긴의 마음 깊은 곳에서 다시 타티아나에 대한 감정이 불타오른다. 한때 자신에게 반해 구구절절 연애편지를 쓰던 소녀가 이제는 아름다운 여인으로 변해 있으니 다시 한 번 그녀의 마음을 사로잡고 싶었던 것이다. 오네긴은 참지 못하고 타티아나에게 메모를 남기지만 그녀는 거부한다. 그러나 몰래 숨어 들어 온 오네긴으로 인해 둘은 재회한다. 상황이 역전된 상태에서 두 남녀의 만남을 바라보는 것은 참으로 흥미롭다. 오네긴은 타티아나에 대한 사랑을 고백한다. 타티아나의 선택은 어땠을까? 그녀는 괴롭지만 단호히, 오네긴의 청을 거절한다. 그리고 발레는 끝을 맺는다.

이 작품은 영화와 오페라로도 유명하다. 특히 러시아의 설경이 장관을 이루는 영화버전 오페라가 많은 클래식 애호가들의 마음을 달구었다. 오페라의 경우 〈예브게니 오네긴〉이라는 제목을 하고 있는데, 주인공은 오네긴이지만 렌스키의 순수한 사랑 역시 눈여겨 볼만하다. 그의 사랑은 오네긴의 교만한 이기주의에 대조되면서 순수의 절정을 보여준다. 한 여자에 대한 진심을 증명하기 위해 목숨을 거는 렌스키. 그에 비해 어쩔 수 없이 상황에 떠밀려 결투에 나가는 오네긴. 두 사람의 심성은 애초부터 너무 다르다.

오네긴과 렌스키의 대결 장면은 영화 〈트로이(Troy, 2004)〉의 아킬레스와 헥토르의 대결을 연상시킨다. 이 영화를 보면 헥토르에 대한 동정심이 느껴지지만 동시에 아킬레스에게 매력을 느끼고, 또 한편으로는 아킬레스를 미워하는 감정을 경험하게 된다. 오네긴이라는 인물에 대해 드는 감정 역시 마찬가지다. 돌아온 그가 타티아나에게 접근할 때는 약간의 실소를 금할 수 없다. 수년 전, 그녀를 비난하면서도 자신의 체면을 유지하기 위해 어쩔 수 없이 그녀를 마주했던 그였다. 그런데 상황이 바뀐 것이다. 하지만 오네긴의 행동을 그저 치졸하다고만 평가할 수 없는 것은 자신이 먼저 등을 돌린 상대에게 다시 다가서는 일이 얼마나 큰 용기를 필요로 하는지 우리는 잘 알기 때문이다. 이전의 교만했던 오네긴이라면 타티아나를 보고도 모른 체하거나 감정을 숨겼을 것이다. 하지만 그는 체면에 개의치 않고 그녀에게 다가간다. 그의 이런 행동 때문에 타티아나도 거절하면서 괴로워하는 것이다.

슈투트가르트 발레단의 전설적인 안무가 존 크랑코가 안무한 이 발레는 발레의 질을 유지하기 위해 수준이 높은 발레단에게만 공연을 허락하는 것으로 유명하다. 〈오네긴〉을 관람한 관람객이라면 그 이유를 알 수 있을 것이다. 이 작품은 처음부터 마지막까지 상당히 세련된 장면을 많이 담고 있다. 특히 거울의 장면, 렌스키와 오네긴의 대결, 재회한 오네긴과 타티아나의 이별 장면은 무척이나 마음을 뭉클하게 만든다. 사랑이라는 것은 감정인데 그것을 이성으로 제어하는 둘을 보면서 지나버린 시간의 의미를 다시 생각해보게 된다.

슈투트가르트 발레단의 강수진이 이 작품을 가지고 내한한 적 있는데 당시 완벽한 타티아나를 연기한 것으로 호평이 자자했다. 테크닉은 물론이고 타티아나의 서정적인 감정선까지 노련하게 표현한 것이다. 그녀는 오열하면서 끝을 맺어 관객들의 마음에 깊은 충격을 남겼다. 알리나 코조카루가 타티아나를 연기한 〈오네긴〉 역시 호평을 받았다. 상상 속의 이야기가 아니라 우리 현실에 가까운 살아있는 이야기를 원하는 관람객에게는 〈오네긴〉을 추천한다.

위대한 평론가

발레 평론가로는 테오필 고티에(Theophile Gautier, 1811~1872)가 손꼽힌다. 현재는 무용 비평 역시 학문의 한 범주에 속해 있지만, 고티에가 살던 시기만 해도 전문적인 비평가를 찾는 일이 쉽지 않았다. 스페인에서 태어난 고티에는 원래 미술학도였으나 빅토르 위고(Victor-Marie Hugo)와의 만남으로 인해 자신의 문학적 재능을 깨닫게 된다. 낭만주의가 태어나고 쇠퇴하기까지의 모든 과정을 경험한 고티에는 낭만주의 예술철학의 상징 같은 존재가 되었다. 고티에는 에로틱한 표현도 서슴지 않을 정도로 여성에 대해 관심이 많았던 것으로 유명하다. 그의 소설『모팽 양(Mademoiselle de Maupin)』에도 그의 여성관이 잘 드러나 있다. 이런 그가 발레와 발레리나에 관심을 주게 된 것은 필연적

테오필 고티에의 초상

이었을 것이다.

실제로 고티에는 카를로타 그리씨(Carlota Grisi)를 위해 발레 대본을 썼는데, 이것이 그 유명한 〈지젤〉과 〈라 페리〉다. 여기서 끝이 아니다. 파니 체리토(Fanny Cerrito)를 위해서는 〈데이지(Paquerette)〉와 〈젬마(Gemma)〉를 쓰기도 했다. 고티에는 자신이 영향력 있는 발레 비평가라고 생각하고 있었고, 자신의 문학적·미술적 재능을 십분 발휘해 발레를 평론했다. 그는 화가의 시각으로 발레를 감상하고 평가하는 것을 즐겼다. 고티에는 카를로타 그리씨를 사랑했지만 그녀는 이미 쥘 페로의 연인이었고, 루시앙 프티파(Lucian Petipa)에게도 연정을 품고 있었다. 때문에 고티에와의 사랑은 이루어질 수 없었다. 고티에는 결국 그녀의 언니 에르네스타(Ernesta)와의 사이에서 두 명의 딸을 얻었다. 카를로타 그리씨와 고티에의 인연은 가족이자 친구로 이어져 그리씨가 은퇴한 후에도 돈독한 우애를 과시했다고 한다.

고티에의 평론은 감각적인 느낌을 그대로 옮겨놓는 것으로 유명했다. 그가 카를로타 그리씨에 관해 평론한 부분을 살펴보면 '그녀는 … 사뿐히 내려앉았고 … 마치 장미꽃잎 같았다

…'라는 구절이 있다. 이 얼마나 시적인 표현인가! 고티에가 평론뿐 아니라 발레 예술가들에게 미친 영향력이 얼마나 지대한가는 그의 시를 읽고 영감을 받아 만들어진 작품이 그 유명한 〈장미의 정령(Le Spectre de la Rose)〉인 것을 보면 알 수 있다. 고티에는 발레가 주는 즐거움은 '아름다움을 감상하는 것'이라 생각했다. 고티에는 발레를 관람하기 위해 극장을 찾는 이들의 욕구가 무엇인지를 꿰뚫고 있었고, 그것을 시적으로 표현하는 데 능숙했던 것이다. 그 자신도 발레와 발레리나를 사랑하는 예술가였으니 당연히 관객들의 감정을 잘 알 수밖에 없었다.

반면 그는 남성 무용수들에게는 칭찬을 아꼈다. 그는 「라 프레스(La Presse)」에 비평을 싣곤 했는데 남성 무용수들에 대한 혐오감을 숨김없이 드러낸 바 있다. 비평가로서 중심 있는 의견을 피력해야 할 고티에가 이중 잣대를 드러낸 것이다. 하지만 고티에는 발레리나의 다리나 감상하고, 돈으로 그녀들과 하룻밤을 지내려던 비도덕적인 재력가들과는 다른 사람이었다.

고티에가 지금도 위대한 발레 평론가로 인식되고 있는 이유는 발레리나들에게 반해 무조건적인 칭찬을 쏟아 붓는 사람이 아니었다는 데 있다. 롤라 몬테스(Lola Montes, 롤라 몽떼)라는 여성 발레리나가 있었다. 그녀는 아일랜드 출신의 무용수인데 자신이 스페인 출신이라는 유언비어를 퍼뜨렸고, 스페인 스타일의 춤을 선보였다. 그러자 고티에는 그녀가 거짓이며 사람들을 속이고 있다고 평했다. 실제로 그녀는 닥치는 대로 남자들을 이용하는 것으로 악명 높았다. 그녀는 나중에 바이에룬의 국왕

루드비히 1세의 첩이 되는데, 이것은 발레의 구악습을 그대로 답습하는 것이었다. '발레리나는 코르티잔'이라는 좋지 못한 인식을 퍼뜨려 버린 계기가 된 것이다. 그런데 한발 더 나아가 국왕에게 불만을 가지고 있던 세력들이 몬테스를 핑계 삼아 국왕 퇴위 운동을 일으켰고, 결국 혁명으로 이어진다. 롤라 몬테스에게는 '19세기 최고의 스캔들 메이커'라는 수식어가 붙었고 '코르티잔 롤라 몽떼'라고 불리기도 했다. 고티에가 그녀에 대해 혹평한 것을 보면 적어도 그가 진실과 거짓, 진짜와 가짜를 구분할 줄 아는 사람이었음을 알 수 있다. 즉, 자신이 호평하는 존재가 춤을 향한 열정이 있는 진짜 발레리나인지 춤을 매개로 신분 상승이나 하려는 가짜인지 그는 확실하게 구분하고 있다.

반면 그는 자신이 아름답다고 느끼는 대상에 대해 아낌없는 찬사를 보냈다. 그 솔직한 비평으로 인해 우리는 그가 생존했던 당시의 발레 작품들과 사회상을 간접적으로나마 체험하고 상상할 수 있다. 그의 비평이 학술적이지 못하고 때로는 이성적이지 못할 순 있지만 예술을 오로지 이성으로만 설명하려는 자세가 오히려 더 이상하지 않은가 생각해본다.

위대한 ^{안무가}

장 코랄리

장 코랄리(Jean Coralli, 1779~1854)는 이탈리아 혈통을 지녔으나 프랑스에서 나고 자란 안무가로 사망 전까지 열정적으로 활동했다. 무용수로서는 라 스칼라에서 약 16년을 근무했다. 그리고 1825년 파리로 돌아와 발레 마스터가 된다. 1828년 연극 〈파우스트〉가 상연될 때 '실피드의 춤'이 삽입되었는데, 그 안무를 코랄리가 맡았다. 1831년 루이 베론(Louis Veron)이 오페라좌(오페라를 전문적으로 공연하는 장소)를 맡았을 때 예술감독이 된다. 작품으로는 〈라 페리〉〈타란텔라(Tarantella)〉〈폭풍(La Tempeste)〉, 쥘 페로와 함께 안무한 〈지젤〉이 있다.

오귀스트 브루농빌

　오귀스트 브루농빌(August Bournonville)은 덴마크 코펜하겐 출신의 무용가이자 안무가다. 발레 마스터였던 아버지로부터 춤을 배운 그는 프랑스 유학을 선택, 오귀스트 베스트리스(Auguste Vestris), 피에르 가르델(Pierre Gardel)로부터 사사받는다. 덴마크의 발레가 프랑스에 비해 형편없는 수준이라는 사실을 깨닫고 충격을 받은 그는 혹독한 훈련 과정을 거쳐 발전한다. 이후 파리 오페라단과 계약을 맺고 영국 등을 순회한 후 덴마크로 복귀한다. 1830년 덴마크 왕립 발레단으로 들어온 그는 안무가와 무용가로 두각을 나타내는데, 특히 〈라 실피드〉가 유명하다. 필리포 탈리오니의 〈라 실피드〉에서는 남성 무용수 제임스의 역할이 미미했으나 브루농빌 안무의 〈라 실피드〉에서는 제임스의

오귀스트 브루농빌의 초상

역할이 늘어난다. 당시 여성 무용수에 비해 남성 무용수는 제대로 된 취급을 받지 못하고 있었는데, 그는 강인한 남성력이 깃든 안무를 구사한다. 이때 그의 제자이면서 애인이었던 루실 그란(Lucile Grahn)이 실피드를 맡았다. 하지만 브루농빌의 요구에 중압감

을 느낀 그란이 파리로 간 후 돌아오지 않자 브루농빌은 그란을 해고한다. 이 사건으로 그녀의 팬들과 마찰을 일으켜 국왕에게 불경죄까지 범하게 되고 추방된다. 그런데 추방된 후 이탈리아를 여행하며 오히려 영감을 얻어 〈나폴리(Napoli)〉를 만든다. 결국 브루농빌의 실력을 인정할 수밖에 없었던 덴마크는 그를 불러들인다. 대표작으로 〈라 실피드〉〈파우스트〉가 있다.

조지 발란신

조지 발란신(George Balanchine, 게오르게 발란친)은 1904년 출생한 무용가 겸 안무가다. 발레 뤼스에서 활동하다가 뉴욕 시티 발레단의 모체라 할 수 있는 아메리칸 발레단을 설립했다.

조지 발란신

'발레계의 모차르트'라고 불리는 그는 유럽 국가들에 비해 늦게 발레의 영향을 받은 미국에서 자신만의 독자적 영역을 구축해 나갔고, 덕분에 미국 발레는 빠르게 성장할 수 있었다. 그는 〈돌아온 탕아(The Prodigal Son)〉〈아폴로(Apollo)〉〈보석(Jewels)〉〈호두까기 인형〉 등을 안무했다. 발란신이 안무한 〈호두까기 인형〉은 현재도 전회 매진될 정도로 인기가 좋으며 발레팬들이 손꼽아 기다리는 작품이기도 하다.

케네스 맥밀런

케네스 맥밀런(Kenneth MacMillan, 1930~1991)은 영국의 안무가로 자극적이고 적나라한 성묘사로 유명하다. 그는 기존의 발레를 자신만의 방식으로 재해석해서 발표하는 데 탁월했다. 그의 작품 중에서 〈마농〉 〈로미오와 줄리엣〉이 유명한데 앞서 소개한 〈마이얼링〉이 걸작으로 꼽힌다. 〈마이얼링〉은 20세기에 일어난 가장 충격적인 사건을 드라마 발레화하는 데 성공했다는 찬사를 받고 있다. 이 발레를 준비하는 과정 중에 맥밀런은 갑작스런 심장마비로 사망했고, 실존 인물이었던 주인공 마리 베체라(Marie Vetsera)의 무덤이 도굴되는 등 기괴한 사건이 이어졌다. 그는 로열 발레단의 예술감독을 지냈다.

케네스 맥밀런

웨인 맥그리거

웨인 맥그리거(Wayne McGregor, 1970~)는 영국 출신의 안무가로 국내에서는 영화 〈해리 포터 (Harry Potter)〉 시리즈 네 번째 작품의 안무를 담당한 것으로 잘 알려져 있다. 그는 클래식 발레

웨인 맥그리거

와 모던 댄스를 넘나드는 안무가로 유명하다. 그의 작품은 절제미와 세련미, 역동성이 어우러져 기존의 무용들과는 전혀 다른 종류의 안무를 만들어낸다. 그러면서도 도가 지나친 움직임을 선보이기보다 인체를 가장 아름답게 보여주는 움직임을 선보이기 때문에 거부감이 들지 않는다. 2011년에 DVD로도 발매된 〈세 가지 발레(Three Ballets by Wayne McGregor)〉에서 그의 안무 특성을 살펴볼 수 있다. 현재까지 '천재다, 아니다'라는 평이 엇갈리고 있지만, 그의 안무가 무척 아름답고 눈을 뗄 수 없는 매력을 지닌 것만큼은 확실하다.

위대한 무용수들

마리 탈리오니

마리 탈리오니(Marie Taglioni, 1804~1884)는 이탈리아에서 태어나 무용가·편성가·발레 교사였던 아버지 필리포 탈리오니(Fillipo Taglioni)에게 발레를 배웠다. 평범한 발레소녀였던 그녀는 아버지의 지옥 훈련을 견뎌내며 일류 발레리나로 급성장했다. 필리포 탈리오니가 가르친 것은 기본 동작들에서 크게 벗어나지 않는 것으로, 그는 딸을 위해 기초를 확실히 닦아주었던 것이다. 덕분에 마리 탈리오니는 완벽한 포앵트(point: 포인트 슈즈를 신고 발끝으로 서는 동작)를 소화하는 첫 발레리나가 되었다. 이전에도 포앵트 기술로 발레를 하는 무용수들이 있었으나 대부

마리 탈리오니

분 순간적인 기술에 지나지 않았었다. 하지만 탈리오니는 그 기술을 전폭적으로 활용해 이름을 날렸고 무용계에 혁신을 가져왔다. 때문에 기록으로 남은 무용수 중에는 마리 탈리오니가 포앵트 기술을 전문적으로 사용한 첫 발레리나라고 할 수 있다. 그녀는 완벽한 포앵트 기술과 깃털과 같은 움직임으로 춤추었고, 그녀 자신이 바로 '라 실피드'였다. 하지만 인기에 힘입어 교만해지자, 당시 파리 오페라좌의 운영자였던 베론이 그녀에 대항할 라이벌로 빈 출신의 파니 엘슬러를 고용해 라이벌 구도를 형성했고, 두 발레리나의 경쟁이 발레계를 달구었다. 결국 탈리오니는 재계약을 하지 못했고 러시아로 떠나게 된다.

안나 파블로바

안나 파블로바(Anna Pavlova, 1881~1931)는 러시아 출신의 무용가로 러시아에서는 '무용계의 보배'라고 불리었다. 동료인 미하일 포킨(Mikhail Fokin)을 찾아가 자신을 위한 안무를 만들어달라고 했는데, 포킨은 그녀를 보고 흰 새를 연상했다고 한다.

73

안나 파블로바

카미유 생상스(Camille Saint-saeans)의 음악을 틀어주고 즉흥적으로 파블로바에게 춤추게 한 뒤 포킨이 자세를 수정해 주면서 탄생한 안무가 바로 〈빈사의 백조(The Dying Swan)〉다. 지금까지도 전설로 전해지는 이 안무의 황홀함은 그 소박함과 단순함에 있다. 주역 무용수들의 동작을 살려주기 위해 배경을 화려하게 표현한다거나 군무를 삽입하는 것이 당시의 관습이었다. 이런 시기에 한 가닥의 조명에 의지해 꿈같은 솔로 댄스를 보여주는 〈빈사의 백조〉는 신선한 충격이었다. 파블로바는 러시아의 고아들을 위해 많은 투자를 했으며 동료들을 위한 배려도 훌륭했다고 한다. 무엇보다 열정적인 발레리나였고, 죽기 직전까지 자신의 백조 의상을 찾기도 했다. 실제로 런던 자택에 백조를 키우기도 했으니 그녀가 백조를 표현하기 위해 얼마나 노력했는지 알 수 있다. 그녀는 발레 뤼스(Ballet Russes)의 창단 멤버였고, 외국에 러시아 발레를 알리기 위해 노력을 아끼지 않았으며 대중들에게 친숙한 발레리나였다.

마고트 폰테인

마고트 폰테인(Margot Fonteyn, 1919~1991)은 영국 출신의 발레리나로 아름다운 외모에 친근한 미소, 비율 좋은 몸매에 빛을 발하는 테크닉으로 수많은 무대를 장식했다. 흠을 찾아보기 어려울 정도로 자기 관리가 뛰어났던 폰테인은 나이가 들어서도 기술이 흐트러지지 않은 것으로 유명하다. 성실하게 연습에 임했고 많은 발레리나들이 그렇듯 노력의 대가였다. 매너리즘에 빠질 무렵 러시아에서 망명한 루돌프 누레예프(Rudolph Nureyev)와 팀을 이루게 되어 제2의 전성기를 맞는다. 두 사람의 파트너십은 대단한 것이어서 따를 자가 없었다고 한다. 하지만 발레리나로서의 명성과는 달리 사생활은 매우 힘들었던 것으로 알려져 있다. 첫사랑이었던 남자 티토(로베르토 아리아스)와 재회한 후

젊은 시절의 마고트 폰테인

결혼하지만(티토는 재혼), 그는 저격을 당해 하반신 마비가 된다. 폰테인은 이때부터 남편의 병원비를 마련하기 위해 춤추어야만 했다. 그녀는 60세가 넘도록 춤을 추었고 남편을 극진히 수발했다. 생전에 호평 받은 작품으로는 〈백조의 호수〉 〈로미오와 줄리엣〉 〈지젤〉 등이 있다.

나탈리아 마카로바

　나탈리아 마카로바(Natalia Makarova, 1940~)는 러시아 출신의 발레리나로 〈라 바야데르〉의 초연 안무를 복원한 것으로 유명하다. 〈지젤〉 〈라 실피드〉 〈로미오와 줄리엣〉 등을 공연했다. 러시아 내에서 확고한 위치를 구축하고 있던 그녀는 1970년 키로프 발레단의 런던 순회공연 중 망명하기에 이른다. 이전에도 발레리나로서 명성이 높았고 팬도 많았으나 〈라 바야데르〉 복원 이후 발레사에 남는 무용수이자 안무가가 되었다. 혁신적이면서도 섬세하고 정력적인 움직임으로 알려져 있다. 갈리나 울라노바(Galina Ulanova), 마고트 폰테인과 함께 표현력에 있어 '최고의 서정적 발레리나'라는 평을 얻었다. 1967년에 '안나 파블로바 상'을 수상했다.

바슬라프 니진스키

　바슬라프 니진스키(Vatslav Nizhinskii, 1890~1950)는 폴란드 출신 남성 무용가로 '무용의 신'이라 불릴 정도로 전설적인 명성을 떨쳤다. 그는 세르게이 디아길레프(Sergei Diyagilev)와 함께 〈봄의 제전(Le Sacre du Printemps)〉 〈세라자데(Sheherazade)〉 〈목신의 오후(Afternoon of a Faun)〉 등의 작품을 안무하기도 했다. 하지만 그를 전설로 남게 한 것은 〈장미의 정령〉이다. 창문을 넘어 뛰어들어오는 그의 도약은 지금도 무용계에서 최고의 장면으로 꼽

바슬라프 니진스키

힌다. 하지만 그 자신은 정신병에 걸려 불행한 노년을 보냈다. 그가 이렇게 정신적으로 쇠약해진 데는 디아길레프의 악영향이 컸다. 그는 자신의 일기에서 디아길레프를 악(惡)으로 묘사하곤 하는데, 니진스키에 대한 소유욕이 강했던 디아길레프는 니진스키가 무용수였던 로몰라와 결혼하자, 니진스키의 모든 인맥을 막아버렸고 니진스키는 춤을 출 무대를 잃는 상황에 처했다. 그 후 미국 등을 전전하거나 순회공연을 하였으나 정신이상 증세로 요양하던 중 세상을 떠났다. 파블로바, 디아길레프와 함께 발레 뤼스의 핵심 멤버였다.

루돌프 누레예프

루돌프 누레예프(Rudolph Nureyev, 1938~1993)는 키로프 발레단 출신의 안무가 겸 무용수다. 그는 타고난 댄서로 어떤 장르의 춤이든 소화 가능했다. 잘생긴 외모에 따를 자가 없는 독보적인 실력으로 이전까지 발레리나에게만 집중되던 관객의 시선을 발레리노 쪽으로 돌리는 데 큰 역할을 했다. 1961년 프랑스로 망명했으며 마고트 폰테인의 파트너로 유명세를 떨쳤다. 러시아 고전 발레를 새로운 시도로 개작하는 일에 능했으며, 현재도 안무가 겸 발레리노들이 꼽는 최고의 롤모델이라 할 수 있다.

알레산드라 페리

알레산드라 페리(Alessandra Ferry, 1963~)는 이탈리아 출신 발레리나다. 그녀는 요정과 같은 외모에 가냘픈 몸매, 섬세한 몸놀림으로 보호본능을 자극한다. '최고의 줄리엣' '최고의 지젤'이라 칭송받을 정도로 그녀의 모습은 뇌리에 남는다. 페리는 2007년 아메리칸 발레 시어터에서 은퇴했는데 지금도 많은 팬들이 그녀를 그리워한다. 포토그래퍼인 남편 파브리지오 페리

알레산드라 페리

(Fabrizio Ferry)와 가끔 공공석상에 모습을 드러내곤 하는데, 나이가 든 현재도 전성기 때의 아름다움은 여전하다. 까맣고 숱 많은 머리칼과 눈썹, 커다란 눈, 작은 얼굴에 가느다란 몸을 하고 있는 그녀는 부서질 듯 연약한 이미지의 미녀다. 그러나 강한 인상을 남긴다는 것은 그녀만의 카리

스마가 강하다는 증거다. 〈로미오와 줄리엣〉〈지젤〉〈라 실피드〉〈카르멘〉에 출연했다.

강수진

강수진(1967~)은 대한민국 출신의 발레리나다. 동양인 최초로 독일 슈투트가르트 발레단에 입단해 솔리스트와 수석 무용수로 승진한다. 1999년 '브누아 드 라당스(Benois de la Danse)상'을 수상했다. 슈투트가르트 입단 외에도 1985년 스위스 로잔 콩쿨에서 동양인 최초로 수석을 차지했다. 말 그대로 인종의 벽을 허물어버린 무용수다. 그녀가 서양인 무용수들 사이에서 당당히 성공할 수 있었던 요인으로는 아름다운 외모, 완

벽한 신체 비율, 카리스마 있고 섬세한 표현력, 유려한 연기력 같은 장점을 꼽을 수 있다. 그녀는 엄청난 노력가로 알려져 있다. 유학 시절 잠을 잊은 채 연습하면서 발전해 가는 자신의 모습을 보는 게 즐거웠다고 말하는 그녀는 타고난 조건에 머무르지 않고 철저한 노력으로 완성된 최고의 무용수다.

강수진

스베틀라나 자하로바

스베틀라나 자하로바(Svetlana Zakharova, 1979~)는 우크라이나 출신 발레리나로 뛰어난 기교와 출중한 신체 비율로 각광받고 있다. 그녀는 〈백조의 호수〉 〈지젤〉 〈카르멘〉 〈마농〉 등의 작품에서 뛰어난 기술과 연기력을 보여주는 전천후 무용수다. 바가노바 발레 학교를 수석으로 졸업한 그녀는 18세가 되던 1996년 마린스키 발레단에 입단한 뒤 일 년 만에 수석무용수가 되었고, 그 후 볼쇼이 발레단, 이탈리아 라 스칼라 발레단, 도쿄 신국립 발레단, 파리 오페라 발레단, 런던 로열 발레단에 몸담았다. '브누아 드 라당스' 등의 유명 예술상과 훈장을 수차례 수상한 현역 최고의 발레리나 중 한 사람이다.

타마라 로호

타마라 로호(Tamara Rojo, 1974~)는 스페인 출신의 발레리나다. 최고의 후에떼(fouette: 한 다리로 팽이처럼 회전하는 동작)를 선보이는 발레리나로 유명하다. 그녀는 몬트리올에서 태어났으나 스페인으로 이주했다. 이후 명실공히 스페인 최고의 발레리나로 성장한다. 카를로스 아코스타(Carlos Acosta)와 호흡을 맞춘 〈로미오와 줄리엣〉 〈라 바야데르〉가 유명한데, 두 사람의 호흡이 그리 잘 맞는 편은 아니었다고 한다. 특히 〈로미오와 줄리엣〉에서 홀로 남은 줄리엣이 되어 눈앞의 허공을 응시하는 장면은 강렬한 인상을 남겼다. 아름다운 외모를 가진 것으로도 유명한 로호는 얼마 전 로열 발레단에서 잉글랜드 국립발레단의 예술감독으로 이적했다. 은퇴하기에는 이른 나이지만 감독직과 무용수로서의 일을 병행하지 않을 거라 한다. 〈에스메랄다(Esmeralda)〉〈카르멘〉〈백조의 호수〉에서도 뛰어난 기량과 미모를 선보여 많은 관객들을 감동하게 만들었다.

알리나 소모바

알리나 소모바(Alina Somova, 1986~)는 러시아 출신의 떠오르는 발레 스타다. 현재 마린스키 발레단의 프리마 발레리나로 발레단을 대표하는 간판이다. 방금 순정만화 속에서 빠져 나온듯한 아름다운 외모와 곧고 긴 신체로 유명하다. 특히 그녀는 점프에 강한데 도약했을 때 공중에 머무는 시간이 다른 무용수들에 비해 훨씬 긴 것처럼 느껴지는 것이 그녀의 장점이다. 바가노바 발레학교(Vaganova Academy) 시절부터 주목받는 신예였으며, 2003년 마린스키 발레단에 입단 후에도 그녀가 언제쯤 프리마 발레리나가 되는지에 대해 발레팬들의 이목이 집중되었다. 무대 위에서는 강렬한 아우라를 뿜어내는 것으로 유명하지만 무대 뒤에서는 상큼하고 청순한 소녀 같은 아름다움을 어필하는 것이 매력으로 꼽힌다. 동작이 크고 우아하기 때문에 캐릭터 발레보다는 대작의 주역에 어울린다. 앞으로의 무용 인생이 기대되는 발레리나 중 한 명이다.

미하일 바리시니코프

미하일 바리시니코프(Mikhail Baryshnikov, 1948~)는 구소련 출신(현 라트비아 공화국)의 발레리나다. 미국으로 망명한 뒤 아메리칸 발레 시어터를 중심으로 활동했다. 170센티미터의 작은 키지만 높은 도약력과 유연함으로 당대를 좌우했다. 영화 〈백야(White Nights)〉에 출연해 많은 젊은이들에게 댄서의 꿈을 심어주기도 했다. 까다롭기로 유명한 안무가 조지 발란신조차도 바리시니코프에게는 기술이나 스타일을 전수해 주는 등 그의 실력을 높이 샀다고 한다. 1980년부터는 아메리칸 발레 시어터의 예술감독으로 부임해 10여 년간 성공적으로 발레단을 이끌었다. 발레 활동 외에도 미국 드라마 〈섹스 앤 더 시티(Sex and the City)〉에 출연해 좋은 연기를 보여주었다. 장르를 가리지 않고 접근하는 진정한 예술가다.

카를로스 아코스타

카를로스 아코스타(Carlos Acosta, 1973~)는 쿠바 출신의 유명 발레댄서다. 가난한 집안 사정으로 인해 변변한 먹을거리나 장난감도 없이 자랐다고 한다. 게다가 11명의 형제 중 막내였다고 하니 생활이 어땠을 지 상상에 맡긴다. 아코스타는 인종차별이 존재하는 발레계에서 유색인종 발레리노로 성공한 드문 케이스이며, 현재 로열 발레단 수석 무용수로서 충실히 역할을 수행하고 있다. 〈로미오와 줄리엣〉에서 로미오를, 〈라 바야데르〉에서는 솔로르를 췄다. 2010년 코벤트 가든에서 열린 케네스 맥밀런의 〈세 개의 발레(Three Ballets)〉에서도 인상 깊은 연기를 보여주었다.

로베르토 볼레

조각 같은 외모의 로베르토 볼레(Roberto Bolle, 1975~)는 이탈리아 출신으로 발레 역사상 가장 아름다운 발레리노로 꼽힌다. 그는 레오나르도 다빈치의 황금 비율이 적용되었다고 일컬어지는 완벽한 신체 비율을 자랑한다. 11세에 라 스칼라 발레학교에 입학한 후, 1994년 라 스칼라 발레단에 입단했다. 2000년 이후, 로열 발레단 작품에 자주 출연한 볼레는 루돌프 누레

로베르토 볼레

예프와 미하일 바리시니코프를 존경한다고 한다. 잘 생긴 외모로 인해 발레 자체보다 그의 외모에 관심이 쏠리는 경우도 있다. 패션지와 명품 패션모델로도 유명한 그는 몸짓 하나하나에 우아함이 배어 있어 상당히 격조 높은 댄스를 보여주곤 한다. 스베틀라나 자하로바처럼 키가 큰 발레리나들

이 파트너로 원하는 0순위 발레리노다. 출연 작품으로는 〈지젤〉 〈엑셀시오르(Excelsior)〉 〈백조의 호수〉 〈실비아(Sylvia)〉 〈라 바야데르〉 〈한여름 밤의 꿈(A Midsummer Night's Dream)〉 등이 유명하다. 2009년 아메리칸 발레 시어터에 입단했고, 라 스칼라 발레단의 에뜨왈, 볼쇼이, 마린스키, 로열 발레단 등의 발레단에도 객원으로 참여하고 있다.

이단 스티펠

이단 스티펠(Ethan Stiefel, 1973~)은 미국 펜실바니아 출신의 발레리노다. 뉴욕 시티 발레단을 거쳐 아메리칸 발레 시어터에 몸담았다. 2000년에 영화 〈열정의 무대(Center Stage)〉에 출연하면서 선보인 파격적인 안무로 대중적인 인기까지 누리게 됐다. 요정 같은 생김새의 얼굴을 하고 있지만 남자다운 분위기가 있는 묘한 이미지를 갖고 있다. 몸을 사리지 않는 모터 사이클리스트(motorcyclist)로도 알려져 있다. 2011년 뉴질랜드 왕립 발레단(Royal New Zealand Ballet)의 예술감독으로 부임했다. 미국에서 스티펠의 인기는 절대적이다.

위대한 발레단

'세계 5대 발레단' '3대 발레단'이라는 말이 있는데, 사실 그런 식으로 구분하는 것은 적절치 못하다. 발레단은 각각 강세를 띠는 기교나 스타일, 장르나 레퍼토리의 차이가 있다. 따라서 각각 발레단에 순위를 매기면서 평하는 것은 옳지 않다. 발레단의 예술감독이나 무용수들이 이동을 함에 따라 수준이 변화하는 경우도 있다. 즉, 발레단의 수준은 유동적인 것이다. 하지만 역사가 깊을수록 명성이 높아지는 경우는 있다.

여기서 소개하는 발레단은 세계적인 수준의 발레단이다. 순서는 가나다순이며, 발레단의 순위에 따른 것이 아님을 미리 밝힌다.

뉴욕 시티 발레단

뉴욕 시티 발레단(New York City Ballet, NYCB)은 1948년 결성된 발레단으로 아메리칸 발레 시어터(American Ballet Theatre, ABT)와 함께 미국 발레의 양대 산맥이다. 링컨 커스틴(Lincoln Kirstine)과 조지 발란신이 협력해 설립했다. 기존의 작품을 그대로 공연하기보다는 다시 창작해 공연함으로써 미국 발레 발전에 혁혁한 공을 세웠다. 모던 댄스와 간결하고 독창적인 안무를 주로 하는 발레단이다. 미하일 바리시니코프가 이곳을 거쳐 갔다.

로열 발레단

로열 발레단(The Royal Ballet)은 1931년 니넷 드 발루아(Ninnette de Valois)가 설립한 영국 발레단으로 명칭이 여러 차례 바뀌었다. 1931년 발족할 때는 빅 웰스 발레단(The Vic-Wells Ballet)이었는데 1940년 새들러스 웰스 발레단(Sadler's Wells Ballet)으로 명칭을 바꾸었다. 이후 새들러스 웰스 오페라 발레단을 별도로 발족했다. 1946년 영국 왕립 코벤트 가든(Covent Garden) 극장을 사용하는 것으로 결정되면서 두 발레단을 하나로 묶어 로열 발레단이 되었다. 마고트 폰테인 같은 유명 무용수뿐 아니라 케네스 맥밀런, 프레드릭 애쉬튼(Frederick Ashton) 등의 안무가 역시 이곳을 거쳐 갔다. 현재 가장 왕성하게 활동하고 있는 발레단이며 다수의 스타 발레리나를 배출했다. 국내에는 1978년 최초 내한해 〈백조의 호수〉 공연을 시작으로 종종 내한하고 있다.

발레 뤼스

발레 뤼스(Ballet Russes)는 1909년 프랑스 파리에서 세르게이 디아길레프(Sergei Diaghilev)가 창단한 발레단이다. 안나 파블로바, 바슬라프 니진스키, 미하일 포킨 등이 창단 멤버였다. 이후 안무가 조지 발란신이 합류했다. 마크 샤갈(Marc Chagall), 파블로 피카소(Pablo Picasso) 등의 미술가, 림스키코르사코프(Nikolay Rimsky-Korsakov) 등의 혁신적 예술가들의 협력에 힘입어 〈목신의 오후〉 〈세라자데〉 등의 유려한 작품들을 남겼다. 그러나 1929년 디아길레프가 죽음을 맞자 해체되었다.

볼쇼이 발레단

1825년 모스크바에 새로 지은 볼쇼이 극장에서 페트로프스키 발레단을 인수하면서 볼쇼이 발레단(Bolshoi Ballet)으로 이름을 바꾸었다. '볼쇼이'라는 말은 러시아어로 '거대하다, 크다'라는 의미다. 말 그대로 거대한 극장에 소속된 거대한 발레단이다. 실제로 볼쇼이 극장은 8,000석의 규모를 자랑하고 있으며 발레단의 인원은 200명이 넘는다. 때문에 다양한 레퍼토리를 연출할 수 있으며 인력이 풍부해 공연을 할 때도 규모가 남

다르다. 정기적으로 극장에서 공연을 하고 해외 순회공연 역시 잦다. 마리우스 프티파가 안무하던 시기에 절정의 인기를 누리다 쇠퇴기를 맞았지만, 알렉상드르 고르스키(Aleksandr Gorskii)가 단장으로 부임하면서 다시 한 번 부흥기를 맞는다. 이후 유리 그리그로비치(Yuri Grigrovich)가 예술감독으로 부임하면서 볼쇼이는 명실공히 세계 최고의 발레단으로 입지를 굳힌다. 마야 플리세츠카야(Maya Plisetskaya), 갈리나 울라노바(Galina Ulanova), 이렉 무하메도프(Irek Muhamedov) 등 뛰어난 발레 댄서들이 이곳을 거쳐 갔다.

슈투트가르트 발레단

슈투트가르트 발레단(Stuttgart Ballet)은 세계 최고 수준의 발레단이다. 1609년 설립된 왕실 발레단이 현재의 슈투트가르트 발레단의 모체가 되었다. 한국인 발레리나 강수진이 속해 있어 국내에도 많이 알려져 있다. 전설적인 안무가 존 크랑코가 안무한 〈오네긴〉이 유명하다.

스웨덴 왕립 발레단

스웨덴 왕립 발레단(Royal Swedish Ballet)은 세계에서 두 번째로 오래되고 역사가 깊은 발레단으로 1773년 스톡홀름에서 설립되었다. 처음엔 구스타프 3세가 설립한 오페라단 소속의 30명으로 구성된 무용단원으로 출발했다. 오랜 역사에 비해 각광받지 못했으나 20세기 들어선 후 조지 발란신과 미하일 포킨 등의 안무가들, 로열 발레단 출신 무용수들을 대거 영입하면서 세계적인 명성을 확립했다. 고전 발레를 전막 공연하고 다음날 창작 발레를 공연하는 등 다양한 볼거리를 제공하는 것으로 유명하다.

아메리칸 발레 시어터

아메리칸 발레 시어터(American Ballet Theater)는 1937년 결성된 모르드킨 발레단(Mordkin Ballet)을 중심으로 1939년 말 미국 뉴욕에서 발족되었다. 현재 세계 최고의 발레단으로 도약한 아메리칸 발레 시어터는 '발레 시어터(Ballet Theatre)'라는 명칭을 사용하다 1957년 현재의 이름으로 바꾸었다. 획기적인 안무와 편성으로 1940년 1월 첫 공연 당시 많은 화제가 되었다. 미국 발레단으로는 처음 구소련에서 공연하기도 했는데 발레의 근대화에 큰 영향을 미친 발레단으로 알려져 있다.

영국 국립 발레단

영국 국립 발레단(English National Ballet)은 로열 발레단과 함께 영국을 대표하는 발레단이다. 로열 발레단이 왕립 극장에 소속되어 있는 것처럼 말 그대로 국립 발레단이다. 스페인 출신의 타마라 로호가 감독으로 부임하여 어떤 변화를 일으킬 지 주목받는 발레단이다.

파리 오페라 발레단

파리 오페라 발레단(Paris Opera Ballet)은 따로 설명이 필요 없는, 세계에서 가장 오래된 국립 발레단이다. 1671년 설립됐으며 현재도 최고의 발레단으로 꼽힌다. 다양한 레퍼토리와 기량 좋은 무용수들이 소속되어 있는 것으로 유명하다. 매 시즌마다 180여 편의 공연을 올린다. 그 유명한 마리 탈리오니와 파니 엘슬러, 카를로타 그리씨가 속해 있던 발레단이다.

발레의 현재와 미래

발레는 '포인트 슈즈를 신고 고난도의 동작을 펼치는 춤'이라는 형식적인 틀이 있다. 그래서 전문적인 지식 없이는 관람이 어렵다고 생각하는 사람들이 많다. 게다가 발레는 온전히 외국 예술 가운데 하나로 여겨져 왔고, 평생 동안 발레 한 편 보지 않는다 하여 인생에 불편함을 느낄 이유가 없었다. 그러나 발레를 알게 되면 생각보다 어려운 장르가 아니라는 점에서 일단 놀라게 된다. 그리고 어느 순간 발레가 주는 감동을 느끼게 된다.

발레는 대중화 될 수 있는 요소가 충분함에도 불구하고 소수 특권 계층을 위한 예술이라는 선입견이 강하다. 이런 인식이 계속된다면 발레의 미래는 밝지 않다. 최근 발레를 비롯해 고급 예술이라 분류되는 장르의 대중화 움직임이 여기저기서 일고 있다. 일례로 국내 한 발레단의 경우, 발레가 시작되기 전 단장이 직접 무대에 나와 발레에 대한 해설을 하기도 하고, 또 다른 발레단에서는 발레에 대한 사전 강의를 개최하기도 한다. 하지만 발레나 오페라에 대한 강연은 여전히 상류 재력가 계층을 필두로 운영되는 소규모 단체 또는 동호회를 통해 열리고 있다. 문화센터라든가 아트센터의 아카데미에서도 강연이 개설되긴 하지만 고가인 경우가 많다. 그리고 이런 강연들은 대부분 학기제로 운영되어 공부를 하고 싶어도 시간적인 제약 때문에 접하기 어려운 게 사실이다. 강연을 개최하는 센터에서는 수강생 확보에 어려움을 겪을 수 있어 강좌 개설에 고심하기도 한다. 이렇다 보니 발레의 대중화는 악순환의 연속이다.

너무나 당연한 얘기지만 공연 예술의 경우 관객이 있어야 존립할 수 있다. 따라서 미래의 관객, 미래의 후원자를 양성해야 한다. 미래의 관객은 십대부터 이십대 중반의 연령층을 의미한다. 대부분 학생이거나 뚜렷한 고정 수입이 없는 계층이다. 이들을 위해 극장 측에서는 특별한 혜택을 마련하는 것이 중요하다. 주최 측의 적극적인 마케팅이 중요한 시점인 것이다. 영국의 유서 깊은 '올드 빅 시어터(Old Vic Theatre)'의 경우, 연극 예술의 존폐를 현재만 보고 결정해서는 안 된다는 결론을 내리고 10대 후반에서 20대 초반 관객을 대상으로 파격적인 할인 마케팅 계획을 내놓은 바 있다. 하지만 가격만 낮춘다고 해서 클래식 공연이 대중화 되는 것은 아니다. 어릴 때부터 습관적으로 예술을 접해야 이해할 수 있게 되고, 이해를 하게 되면 예술을 편하게 느낄 수 있다. 그리고 성인이 된 후에도 지속적으로 예술을 감상하게 되는 것이다. 즉, 습관적으로 예술에 대한 교양을 쌓는 것이 중요하다. 때문에 공연 예술에 대한 지속적인 교육과 함께 관람이 이루어져야 한다. 여전히 '입시'를 인생에서 가장 중요한 문제로 여기는 한국 사회에서 자라나는 청소년들이 예술을 접하는 일은 쉽지 않다. 이러한 젊은 세대들을 위해 대학에서 발레 감상을 교양 과목으로 개설하는 것도 좋은 방법이다. 몸을 움직여야만 누릴 수 있는, 무용수들만을 위한 장르가 아니라 무용을 하나의 예술 장르로 감상하고 그 예술성을 공부할 수 있는 기회를 제공해야 한다.

발레는 더 이상 먼 나라의 문화가 아니다. 이전에는 무조건적으로 서양의 발레리나들이 우위에 있었지만 이제는 사정이 많이 달라졌다. 국내 출신 무용가들이 세계적으로 인정받고 있다. 최근에는 국내 출신 발레 댄서들도 세계 시장에서 뒤지지 않는 기량과 신체 비율을 뽐내고 있다. 해외에서 활동하다 국내로 돌아와 국내 발레 발전에 힘쓰는 댄서들과 안무가들 역시 늘고 있다. 국내에서 자체적으로 만들어진 발레 작품들의 수준 또한 높아지고 있다. 이 책에서 미처 언급하지 못했으나 좋은 기량을 갖춘 개인 발레단도 많다. 유럽이나 미국의 발레 수준이 높은 것은 부인할 수 없는 사실이지만, 쿠바와 같은 남미의 발레 역시 상당한 수준을 갖고 있다. 또 현대로 올수록 아시아권의 발레 수준이 높아지고 있는 만큼, 발레는 이제 서

구 세계의 전유물이라 할 수 없다. 형식의 틀을 깨는 발레도 많다. 발레에 현대 무용의 요소를 결합시켜 포인트 슈즈를 신지 않고 추는 발레가 있는가 하면, 하나의 레퍼토리만을 전문적으로 공연하는 발레단도 있다. 발레 안무가가 현대 무용을 안무하는 경우도 있고, 헤비메탈 음악을 사용하는 현대적 공연도 있다. 발레는 틀을 깨고 무한한 변신을 거듭할 수 있는 장르인 것이다.

발레는 미술, 음악, 문학, 기술, 체육, 과학에까지 영향을 미치는 광범위한 의미의 예술이다. 발레는 보는 이의 마음에 굉장한 감동을 불러일으키는 힘을 갖고 있는 예술이다. 발레가 무용수와 후원자, 소수 마니아들의 전유물이 되어서는 안 된다. 상류층의 전유물이라는 그릇된 인식으로 인해 관객을 잃는다면 그것만한 손실이 없다. 때문에 발레라는 장르를 발전시키기 위해서는 관객들이 발레를 친근하게 받아들일 수 있는 환경부터 마련해야 한다. 관객 입장에서도 많이 접하면 접할수록 발레를 받아들이는 마음속 공간이 커져가는 것을 느끼게 될 것이다.

참고문헌

강태희, 『현대미술의 또다른 지평』, 시공사, 2000.

테오필 고티에, 권유현 역, 『모팽양』, 열림원, 2006.

바슬라프 니진스키, 이덕희 역, 『니진스키 영혼의 절규』, 푸른숲, 2002.

T.W.아도르노, 홍승용 역, 『미학이론』, 문학과지성사, 1984.

이주헌, 『화가와 모델』, 예담, 2003.

뒤마 피스, 양원달 역, 『춘희』, 신원문화사, 2004.

Robert S. Nelson & Richard Shiff, *Critical Terms for Art History*, University Of Chicago Press, 2003.

Julia Kristeva, *Powers of Horror: An Essay on Abjection (European Perspectives Series)*, Columbia University Press, 1982.

Alexander Schouvaloff, *The Art of Ballets Russes: The Serge Lifar Collection of Theater Designs, Costumes, and Paintings at the Wadsworth Atheneum*, Yale University Press, 1998.

에로스의 예술 **발레**

펴낸날 **초판 1쇄 2012년 11월 7일**

지은이 **김도윤**
펴낸이 **심만수**
펴낸곳 **(주)살림출판사**
출판등록 **1989년 11월 1일 제9-210호**

경기도 파주시 문발동 522-1
전화 **031)955-1350**   팩스 **031)955-1355**
기획·편집 **031)955-4662**
http://www.sallimbooks.com
book@sallimbooks.com

ISBN **978-89-522-2084-4**   **04080**

책임편집 **최진**